Ulrich Kirschbaum
Volkmar Wirth

Flechten erkennen
Luftgüte bestimmen

2., verbesserte Auflage
73 Farbfotos
15 Abbildungen
6 Tabellen

Foto Umschlag-Vorderseite: *Parmelia acetabulum* (teils in feuchtem, teils in ± trockenem Zustand), daneben (sehr kleinlappig) *Phaeophyscia orbicularis*. Rückseite: *Xanthoria parietina*. Foto Seite 7: Strauchflechte *(Ramalina farinacea)* mit schmalen, bandförmigen Lagerabschnitten.

Wir danken Frau S. Leidenroth für die Anfertigung der Zeichnungen auf S. 22 und 25 sowie für das REM-Foto auf S. 29, Herrn Dr. K. Rasbach für die Überlassung des Fotos von *Pertusaria pertusa* sowie der British Lichen Society für die Abdruckerlaubnis für Abb. 12.

Die Deutsche Bibliothek – CIP-Einheitsaufnahme

Kirschbaum, Ulrich:
Flechten erkennen – Luftgüte bestimmen : 6 Tabellen / Ulrich
Kirschbaum ; Volkmar Wirth. – 2., verb. Aufl. – Stuttgart
(Hohenheim) : Ulmer, 1997
ISBN 3-8001-3486-1
NE: Wirth, Volkmar

Wollgrasweg 41, 70599 Stuttgart (Hohenheim)
Printed in Germany
Herstellung: Gabriele Franz
Einbandgestaltung: Alfred Krugmann
Satz: Laupp & Göbel, Nehren
Druck und Bindung: Georg Appl, Wemding

Vorwort

Flechten reagieren auf Immissionseinwirkungen. Es gibt empfindliche und weniger empfindliche Arten und sogar einige weitgehend resistente. Die Flechtenvegetation eines Gebietes wird also außer durch Klimabedingungen auch durch die Immissionsbelastung der Atmosphäre geprägt. Bei Belastungen deutlich unter den Immissionsgrenzwerten, die ja überwiegend auf den Gesundheitsschutz des Menschen ausgelegt sind, gehen empfindliche Flechtenarten schon zurück oder sterben sogar aus.

Schon im vorigen Jahrhundert wurden Flechten als Bioindikatoren für lufthygienische Belastungen erkannt. Untersuchungen der Flechtenvegetation aus dieser Zeit zeigen außerhalb der Städte eine Artenvielfalt, wie sie heute kaum mehr in den wenigen noch verbliebenen Flechtenparadiesen zu finden ist.

Die im Rahmen der Erhebungen für Luftreinhaltepläne oder ähnlicher Studien zwischen 1970 und 1980 in Belastungsgebieten durchgeführten Flechtenkartierungen zeigten im Zentrum einiger dieser Gebiete „Flechtenwüsten“; die Immissionsbelastung hatte damals in den Großstädten ein Ausmaß erreicht, das selbst unempfindlichen Flechten keine Überlebenschance mehr ließ. In den vier hessischen Belastungsgebieten sind damals Flechtenkartierungen ein fester Programmpunkt geworden.

Um mit dem teils weitmaschigen Netz der Immissionsmeßstationen und Meßwagen bisher in Bereichen sonst niedriger Immissionsbelastung nicht erkannte Immissionsschwerpunkte zu erfassen, wurde in der Hessischen Landesanstalt für Umwelt der Plan gefaßt, eine landesweite Flechtenkartierung zu erstellen. Ein weiteres Ziel dieser flächendeckenden Erhebung war es, durch eine einheitliche Untersuchungsmethode den Vergleich der Belastungssituation in verschiedenen Landesteilen zu ermöglichen. Dieser Plan wurde von Herrn Prof. Dr. Kirschbaum und seinen Mitarbeitern in vierjähriger Feldarbeit umgesetzt. Das Ergebnis dieser bisher einmaligen landesweiten Flechtenkartierung liegt als Bericht der Hessischen Landesanstalt für Umwelt vor.

Während der Feldarbeiten zeigte sich die dringende Notwendigkeit, einen Bestimmungsschlüssel zur Hand zu haben, mit dem die baumbewohnenden Flechten sicher bestimmt werden können, ohne jedesmal auf die Spezialliteratur zurückgreifen zu müssen. Die bei der Kartierung in Hessen gewonnenen Erkenntnisse wurden von Dr. Volkmar Wirth und Dr. Ulrich Kirschbaum in dem jetzt vorliegenden Bildbestimmungsschlüssel epiphytischer Flechten umgesetzt. Den Autoren möchte ich für dieses anschauliche Werk zur Bestimmung der Flechten in Hessen und in Mitteleuropa danken.

Ich erhoffe mir aber auch, daß die bei genauerem Hinsehen doch sehr interessante und mannigfache Flechtenvegetation bei den Naturinteressierten mehr Beachtung erfährt. Flechtenzahl und Artenvielfalt sind sichtbare Zeichen der Umweltsituation, lassen ihren Zustand erkennen und helfen uns so bei der Abwägung von Planungsmaßnahmen.

Prof. Dr. Werner Ott
Präsident der Hessischen Landesanstalt für Umwelt

Inhaltsverzeichnis

1 Einleitung

Zu den Existenzgrundlagen der Lebewesen gehört die Luft: Während wir Menschen mehrere Wochen ohne Aufnahme fester Nahrung und einige Tage ohne Wasserzufuhr überleben können, gehen wir innerhalb weniger Minuten zugrunde, wenn die Luftzufuhr unterbleibt. Aufgrund dieser engen Bindung an die gasförmige Umwelt mußten sich die Lebewesen im Verlauf der Evolution optimal an die jeweils herrschende Luftzusammensetzung anpassen. Daher haben Veränderungen in der Zusammensetzung des Gemisches seit der Entstehung des Lebens vor ca. 3,5 Milliarden Jahren mehrfach zu katastrophalen Massensterben von Organismen geführt. Auch wir heutigen Lebewesen sind an die Zusammensetzung „unserer" Luft gebunden, und jede Veränderung bedeutet eine potentielle Verminderung unserer Überlebenschancen. Dabei hängt unser Wohlbefinden nicht nur von der Quantität der gasförmigen Hauptverbindungen Stickstoff, Sauerstoff, Edelgase und Kohlendioxid ab; in besonderem Maß sind es die sogenannten Spurengase und Stäube, die die natürliche Zusammensetzung der Luft verändern und als Schadstoffe gesundheitsgefährdend wirken können. Daneben können auch Veränderungen der Luftfeuchtigkeit und der Temperatur die lufthygienische Situation nachteilig beeinflussen. Während sich in früheren Perioden der Erdgeschichte die Luftzusammensetzung langsam – d.h. über Jahrmillionen hinweg – wandelte, erreichen die vor allem vom Menschen hervorgerufenen heutigen Veränderungen ein Tempo, das es den Organismen häufig nicht ermöglicht, sich an diese anzupassen. Um die Gefährdung der Lebewesen durch derartige Veränderungen einschätzen und vermindern zu können, müssen sie zunächst erfaßt und darauf gegebenenfalls Gegenmaßnahmen ergriffen werden.

Die Konzentrationen der wichtigsten Luftschadstoffe können mit Hilfe technischer Luftanalysen einzeln ermittelt werden. Die erfaßten Parameter stellen in der Regel aber nur eine Auswahl aller in unserer Umwelt vorhandenen Schadstoffe dar, da es nicht für alle geeignete Meßgeräte gibt und außerdem im allgemeinen nicht bekannt ist, welche konkreten Immissionskomponenten in einem Untersuchungsgebiet zu erwarten sind. Somit werden unter Umständen möglicherweise relevante, d.h. auf Pflanzen, Tiere und Menschen schädigend einwirkende Luftverunreinigungen nicht erfaßt. Außerdem ist es nicht ohne weiteres möglich, aus den Konzentrationsangaben einzelner Schadstoffkomponenten Rückschlüsse auf potentielle Gefährdungen von Lebewesen zu ziehen, weil parallel dazu einwirkende Klima- und andere Umweltfaktoren die Wirksamkeit von Immissionen stark beeinflussen können.

Aus diesem Grund werden – parallel zur technischen Immissionsmessung – Bioindikatoren eingesetzt, die der Gesamtheit der Luftverunreinigungen eines Untersuchungsgebietes ausgesetzt sind und auf den biologisch wirksamen Anteil dieser Immissionen reagieren.

Bioindikatoren sind Organismen, die auf eine Schadstoffbelastung mit einer deutlichen und eindeutigen Veränderung ihrer Lebensfunktionen antworten.

Seit über 100 Jahren sind für die Bioindikation von Luftschadstoffen vor allem rindenbewohnende Flechten herangezogen worden, da sich diese Organismen durch hohe Empfindlichkeit gegenüber Immissionen auszeichnen, vor allem gegenüber säurebildenden Schadgasen. Darüber hinaus erlaubt das Vorkommen bestimmter Flechtenarten auch eine Aussage über die Temperatur- und Feuchteverhältnisse ihres Wuchsortes, so daß man diese Pflanzen mit Recht als Indikatoren der lufthygienischen Situation bezeichnen kann.

Die Ursachen für ihre hohe Empfindlichkeit sind einerseits in der Tatsache begründet, daß hier zwei Organismen (Alge und Pilz) in enger wechselseitiger Beziehung zueinander stehen (Symbiose), daß dieses Zusammenleben auf der Grundlage eines fein eingestellten – und damit störungsanfälligen – Gleichgewichtszustandes beider Partner basiert und daß die Flechten als wechselfeuchte Organismen sehr viel unmittelbarer von der Luftqualität abhängen als Höhere Pflanzen oder Tiere. Flechten sind auch deshalb besonders stark gefährdet, weil ihre Stoffwechselaktivität auch den Winter mit seinen erhöhten Luftverunreinigungen über anhält; viele Höhere Pflanzen verbringen diese Periode im Ruhezustand und nehmen daher kaum Schadstoffe auf. Hinzu kommt, daß die Flechten darauf spezialisiert sind, die Nährstoff-Ionen direkt aus der Luft oder dem Niederschlag zu entnehmen. Auf Grund der dort herrschenden geringen Konzentrationen sind sie dazu befähigt, sehr effektiv (Nähr-)Ionen anzureichern. Dieses hervorragende Akkumulationsvermögen hat allerdings auch eine starke Anreicherung toxischer Spurenelemente mit höchst negativen Auswirkungen zur Folge. Auf Grund ihres langsamen Wachstums und ihrer Langlebigkeit sind die Flechten besonders dazu geeignet, einen Überblick über die langfristige, durchschnittliche Gesamt-Immissionsbelastung durch Schadstoffe und mikroklimatische Veränderungen zu vermitteln.

Als Wirkungskriterium für eine Belastung der Flechten wird im allgemeinen eine Veränderung ihrer Vitalität herangezogen: Wie sich in vielen Untersuchungen gezeigt hat, verschwinden bei geringer Immissionsbelastung zunächst die empfindlichsten Flechten; mit zunehmender Konzentration von Schadstoffen gehen die mittelempfindlichen und schließlich auch die toxitolerantesten Arten zurück.

Auf der Grundlage dieser Erkenntnis sind zur Beurteilung der lufthygienischen Situation von Untersuchungsgebieten zwei unterschiedliche Flechten-Bioindikationsverfahren entwickelt und als Richtlinien des Vereins Deutscher Ingenieure (VDI) veröffentlicht worden:

1. Im Untersuchungsgebiet wird der natürliche Flechtenbewuchs von Bäumen untersucht. Aus Veränderungen im Flechtenbewuchs wird auf die lufthygienische Situation der Untersuchungsstandorte geschlossen: **Flechten-Kartierungsverfahren** (VDI-Richtlinie 3799, Blatt 1; 1995);

2. Eine mittelempfindliche Flechtenart (Hypogymnia physodes) wird aus immissionsarmen Gebieten in das Untersuchungsgebiet gebracht und dort für einen festgelegten Zeitraum exponiert. Aus der Beschädigung der ausgebrachten Flechten wird auf die Immissionsbelastung am Untersuchungsstandort geschlossen: **Flechten-Expositionsverfahren** (VDI-Richtlinie 3799, Blatt 2; 1991).

Bei der Bearbeitung des Flechten-Kartierungsverfahrens zeigte sich die Notwendigkeit, einen Bestimmungsschlüssel zu erstellen, mit dem die in der Richtlinie aufgeführten Flechtenarten sicher zu bestimmen sind, ohne daß auf die umfangreichen – alle Flechten beinhaltenden – Bestimmungsbücher zurückgegriffen werden muß.

Das vorliegende Buch führt zunächst in die Biologie der Flechten ein und vermittelt dann einen Überblick über die

Methode des Flechtenkartierungsverfahrens. Dieser Abschnitt lehnt sich eng an die o.g. VDI-Richtlinie 3799 an. Im speziellen Teil folgt ein Schlüssel der häufigsten mitteleuropäischen Flechten, die an freistehenden Laubbäumen wachsen. Im Bildteil werden die wesentlichen Arten abgebildet, ihre Kennzeichen und ökologischen Ansprüche dargestellt und die Unterscheidungsmerkmale zu ähnlichen Arten hervorgehoben.

Wem die Möglichkeit für eine Flechtenkartierung fehlt, kann eine erste grobe Einschätzung der Luftbelastung mit Hilfe des Toxitoleranzwertes der Arten vornehmen. Der Toxitoleranzwert ist ein Maß für die Widerstandsfähigkeit der Art gegenüber Luftbelastungen der „üblichen“ Art. Tabelle 5 gibt eine Übersicht über die Toxitoleranzwerte der behandelten Arten.

Für die nicht an einer Bestimmung der Luftgüte Interessierten bietet dieses Buch die Gelegenheit, in die Flechtenkunde einzusteigen und sich mit einer Gruppe häufigerer Flechten zu beschäftigen. Es wendet sich daher auch an Anfänger.

2 Biologie der Flechten

2.1 Was sind Flechten?

Flechten sind keine einheitlichen Organismen, sondern bestehen aus zwei ganz verschiedenen Lebewesen, und zwar aus einem Pilz und mindestens einer Alge, die in engem Kontakt zusammenleben. Ihre Doppelnatur ist äußerlich nicht erkennbar. Oft besitzt die Flechte mit keinem der beiden sie aufbauenden Partner eine Ähnlichkeit. Über die gestaltliche Eigenständigkeit hinaus ist die Flechte durch zahlreiche spezifische Leistungen ausgezeichnet. Diese sind nur durch „Zusammenarbeit" der Partner möglich. Manche Phänomene sind nur von dieser Pflanzengruppe her bekannt.

Eine solche, aufeinander abgestimmte Lebensgemeinschaft zweier verschiedener Organismen nennt man Symbiose. Man kennt Symbiosen von verschiedensten Tier- und Pflanzengruppen, doch selten ist die Symbiose so perfektioniert worden wie bei den Flechten.

Die Flechtensymbiose bringt Pilz und Alge Vorteile. Der Pilz erhält die zu seiner Existenz notwendigen Kohlenhydrate von der Alge. Die Alge ist in der Umhüllung durch das Pilzgeflecht vor raschem Wasserverlust, vor intensiver Sonnenstrahlung oder vor leichtem Zugriff algenfressender Tiere geschützt. Mit Hilfe der Symbiose in der Flechte haben die beteiligten Pilze und Algen ihre ökologischen Möglichkeiten erheblich erweitert und sind in der Lage, Standorte zu besiedeln, die sie allein nicht erfolgreich einnehmen könnten.

Fast alle Flechtenpilze gehören zu den Schlauchpilzen, zu denen z. B. auch die Becherlinge und Morcheln zählen. Allerdings kommen die Flechtenpilze nicht mehr freilebend vor, sondern sind völlig von der Flechtensymbiose abhängig geworden. Die Flechtenalgen gehören zum größten Teil zu den Grünalgen, zu einem kleineren Teil zu den Blaualgen. Jede Flechtenart ist durch einen spezifischen, nur bei ihr vorkommenden Pilz sowie meist durch eine Art einer bestimmten Algengattung gekennzeichnet. Ein und dieselbe Algenart kann bei verschiedenen Flechtenarten auftreten.

Den Vegetationskörper der Flechten nennt man „Lager". Nach der Wuchsform des Lagers unterscheidet man Krustenflechten, Blattflechten und Strauchflechten (Abb. 1–3). **Strauchflechten** besitzen strauchige bis bärtige Formen, **Blattflechten** lappige, mehr flächig entwickelte Lager, **Krustenflechten** krustenähnliche oder schorfige, mit dem Substrat verwachsene Lager, die nicht unverletzt abgelöst werden können (Näheres siehe unten).

2.2 Ökologie der Flechten

Flechten sind weltweit verbreitet. Auch in Mitteleuropa sind sie artenreich in einer recht großen Formen- und Farbenvielfalt vertreten.

Wir finden sie an Baumrinde und Holz, an Felsen, Mauern, Grabsteinen und Dächern, auf dem Boden lichter Wälder, in Heiden und Mooren. Die meisten Arten leben unter recht spezifischen Standortbedingungen. Kennt man diese Bedingungen, kann man gezielt nach den Arten suchen.

Die meisten epiphytischen, d. h. auf Baumrinde lebenden Arten kommen

Abb. 2. Flechtenvegetation an totem Eichenast: Strauchflechten, umgeben von Laubflechten; in der Mitte die grauen Lager von *Pseudevernia furfuracea*, links unten eine Bartflechte *(Usnea)*, links oben *Hypogymnia physodes*, oben und rechts *Platismatia glauca*.

nicht gleichermaßen auf allen Baumarten vor, sondern zeigen eindeutige Schwerpunkte. Eine Ursache dafür ist, daß die Rinde der verschiedenen Baumarten recht unterschiedliche chemisch-physikalische Eigenschaften, v.a. unterschiedliche pH-Bedingungen aufweisen und sich die einzelnen Flechtenarten an bestimmte Bedingungen angepaßt haben. Manche kommen auf „sauren" Rinden vor (z.B. Fichte, Birke, Erle), andere auf „basenreichen" (z.B. Nußbaum, Spitzahorn, Holunder). Manche Arten sind auf glatte Rinden angewiesen und verschwinden dann, wenn die Bäume mit zunehmendem Alter eine rissige, rauhe Borke entwickeln; andere wiederum stellen sich erst auf solchen älteren Stämmen ein. Solche Beziehungen zwischen den Flechtenarten und den standörtlichen Bedingungen, also ökologische Merkmale, können wertvolle Bestimmungshilfen sein.

Ähnlich wie die einzelnen Flechtenarten jeweils mehr oder weniger an bestimmte Substrateigenschaften angepaßt sind, „bevorzugen" sie auch bestimmte Licht- und Feuchtebedingungen. Manche sind „Lichtarten", andere „Schattenarten", manche sind an kühle, luftfeuchte Standorte gebunden und finden sich mehr in Wäldern, andere ertragen auch sonnige, trockene Verhältnisse und leben besonders an freistehenden Bäumen. Einige vermögen an regengeschützten Flanken und tief in Borkenrissen zu leben – sie decken ihren Wasserhaushalt über den Wasserdampf der Luft, andere sind auf häufige Durchfeuchtung des Lagers mit Wasser angewiesen. Solche ökologischen Merkmale der Arten sind bei den Beschreibungen im Bildteil aufgeführt, und zwar auch in Kurzform als sogenannte Zeigerwerte, wie sie von Ellenberg (1992) eingeführt und von Wirth (1992) für die Flechten

Abb. 3. Laubflechten (*Parmelia tiliacea*, unten, und *P. saxatilis*, oben).

aufgestellt wurden. Aufgrund des Vorkommens der Flechten kann man über die Zeigerwerte Aussagen z. B. über die Licht-, Feuchte- und Temperaturverhältnisse und die lufthygienische Situation am Fundort treffen.

Eine der für das Verständnis der Biologie der Flechten wesentlichsten Eigenschaften ist die Unfähigkeit dieser Doppelorganismen, ständig stoffwechselaktiv zu bleiben, wie wir das von den Blütenpflanzen während der Vegetationsperiode als selbstverständlich kennen. Flechten können ihren Wasserhaushalt nicht regeln. Sie haben keine echten Wurzeln. Sie können weder Wasser aktiv aufnehmen noch bei Trockenheit die Wasserabgabe nennenswert bremsen; sie haben keinen Verdunstungsschutz. Dies bedeutet, daß sie bei trockenem Wetter das für die Aufrechterhaltung des Stoffwechsels notwendige Wasser allmählich verlieren und in einen stoffwechselinaktiven, fast „leblosen" Zustand übergehen. Erst bei erneuter Wasserzufuhr, vor allem in Form von Regen oder Tau, laufen die Stoffwechselvorgänge wieder an. Die Flechtenlager nehmen das Wasser mit ihrer ganzen Oberfläche wie ein Schwamm in relativ kurzer Zeit auf.

Diese Eigenschaften zwingen die Flechte, ein recht wechselhaftes Leben mit ständig abwechselnden Ruhepausen und Aktivitätszeiten zu führen. Die Unfähigkeit zu einem dauernden stabilen, stoffwechselaktiven Dasein erweist sich jedoch an einigen Standorten als Vorteil und macht sie hier den Blütenpflanzen überlegen. Auf Baumrinde und auf nacktem Gestein haben Blütenpflanzen wegen des fehlenden Wurzelraumes und dem damit verbundenen Wassermangel keine Überlebensmöglichkeit. Flechten hingegen haben keinerlei Problem, hier zu gedeihen. Bei Feuchtigkeit nehmen sie das Wasser aus der Atmosphäre auf und nutzen es zur Stoffwechselaktivierung, bei Trockenheit fallen sie in einen Ruhezustand, den sie schadlos überstehen.

Viele Flechten sind nicht auf die direkte Benetzung mit Regen und Tau angewiesen, um ihren Wasserhaushalt zu bestreiten. Dank ihrer erstaunlichen Fähigkeit, Wasserdampf aus der (auch mit Wasser nicht gesättigten) Atmosphäre aufzunehmen, sind sie auch in Zeiten hoher Luftfeuchtigkeit aktiv. Manche Arten wachsen sogar an Standorten, die nicht vom Regen erreicht werden, wie z. B. an Felsüberhängen oder tief in Borkenrissen und Wurzelhöhlungen.

Die Eigenschaft der geschilderten „Wechselfeuchtigkeit" und die häufigen Ruhezeiten sind eine der Ursachen für das zum Teil außerordentlich langsame Wachstum der Flechten. Noch stärker trägt zu diesem Phänomen jedoch die Symbiosenatur der Flechten bei: In der Regel muß ein kleiner Anteil der Masse der Flechten – nämlich die oft nur um 10% des Volumens ausmachenden Algen – einen ungleich viel größeren Pilz-

Anteil miternähren, so daß für das Wachstum des Doppelorganismus nur noch geringe Reserven an energiereichen Verbindungen zur Verfügung stehen.

Krustenflechten haben in unserem Klima einen Zuwachs von etwa einem bis wenige Millimeter/Jahr, Blattflechten bis wenig mehr als einen Zentimeter, meist jedoch weniger. Dies bedeutet, daß größere Flechtenlager bereits recht alt sind. Ein hohes Alter erreichen insbesondere Gesteinsflechten, deren Substrat durch die atmosphärische Verwitterung nur sehr langsam Veränderungen unterworfen ist und somit die Voraussetzung für ein langzeitig ungestörtes Wachstum bietet.

Solche gesteinsbewohnenden Flechten werden in der Regel mindestens mehrere Jahrzehnte, oft mehrere Jahrhunderte alt. Bei Rindenflechten, besonders Blatt- und Strauchflechten, ist hingegen die Dynamik oft viel größer als angesichts der Langsamwüchsigkeit angenommen. Blatt- und Strauchflechtenlager fallen von der Rinde oft schon im Alter von wenigen Jahren vor allem während der Wintermonate ab, wenn sie durch hohen Wassergehalt schwer werden und wenn die Haftung der Lager durch abwechselndes Gefrieren und Auftauen gelockert wird.

Die Flechten sind im Prinzip, sofern eben Regen und Tau fallen, durch alle Jahreszeiten hindurch aktiv. Kühl-feuchte Bedingungen sind vorteilhaft. Dies äußert sich z.B. auch darin, daß Flechten besonders in humiden, niederschlagsreichen Gebieten und in den Gebirgen arten- und individuenreich auftreten. Eine außergewöhnliche Leistung der Flechten ist die Fähigkeit sehr vieler Arten, auch bei Temperaturen, die erheblich unter dem Gefrierpunkt liegen, noch Photosynthese zu treiben, also stoffwechselaktiv zu bleiben und zu wachsen. In kalten Lagen können Flechten dank dieser Fähigkeit auch mit Blütenpflanzen konkurrieren und regelrechte bodenbewohnende Flechtenheiden bilden.

Viele Flechtenarten sind selten geworden, weil ihre Lebensräume durch Aktivitäten des Menschen vernichtet oder zu häufigen Änderungen unterworfen werden. Ihr langsames Wachstum, oft auch das damit im Zusammenhang stehende späte Einsetzen der Vermehrung, wirkt sich in einer immer stärkeren und häufigeren Eingriffen ausgesetzen Umwelt verhängnisvoll aus. Intensivierung landwirtschaftlicher Nutzung einerseits, insbesondere Düngung von Magerrasen, Optimierung in der Forstwirtschaft andererseits, z.B. Kahlhieb, relativ kurze Umtriebszeit und Anbau von Nadelhölzern, haben einen bestürzenden Schwund von Flechtenvorkommen zur Folge gehabt.

Solche Veränderungen haben die Flechtenvegetation freistehender Bäume – auf die sich dieses Buch bezieht – kaum in Mitleidenschaft gezogen. Der Rückgang an diesen Standorten ist weitgehend immissionsbedingt. Viele Flechten sind in Zusammenhang mit der besonderen Konstitution dieser Organismen (vor allem die Symbiosenatur, das Fehlen eines wirksam schützenden Abschlußgewebes und die Langlebigkeit) gegenüber Immissionen, besonders Schwefeldioxid und eutrophierenden (düngenden) Luftverunreinigungen, wenig widerstandsfähig. Erst neuerdings ist – sicherlich als eine Folge abnehmender Schwefeldioxid-Immissionen – eine Erholung bei manchen Arten festzustellen.

3 Methode der Flechtenkartierung

Nach VDI-Richtlinie 3799, Blatt 1, 1995.

3.1 Das Meßnetz

Bei der Planung einer Kartierung gilt es zunächst, ein Meßnetz für das Untersuchungsgebiet festzulegen. Bei Untersuchungen einer Stadt oder eines Ballungsraumes empfiehlt es sich, über das Areal ein Meßnetz von 1 km Seitenlänge zu legen. In jeder Meßfläche werden 6 geeignete Bäume auf ihren Flechtenbewuchs untersucht. Sie sollten möglichst gleichmäßig über das Areal verteilt sein. Eine Verdichtung bzw. Extensivierung des Meßnetzes ist möglich (s. Abb. 4).

3.2 Auswahl der Trägerbäume für die Flechtenkartierung

Wie bereits eingangs erwähnt, bestehen zwischen der lufthygienischen Situation und der epiphytischen Flechtenvegetation eines Untersuchungsgebietes enge Beziehungen. Diese Korrelationen erscheinen um so enger, je konstanter die übrigen Umweltfaktoren sind, die für die Existenz der Flechten Bedeutung haben. Das gilt insbesondere für die klimatischen Umweltbedingungen und die Eigenschaften der Baumrinden. Dementsprechend wird in der VDI-Richtlinie der Standardisierung dieser Faktorenkomplexe besondere Bedeutung beigemessen. So ist z. B. der Geltungsbereich der Richtlinie auf die mitteleuropäischen Klimabedingungen beschränkt; für den Alpenraum gelten bereits besondere Vorbehalte. Der Standardisierung der mikroklimatischen Verhältnisse sowie der Vereinheitlichung der Rindeneigenschaften wird durch eine strenge Reglementierung der Trägerbaumauswahl Rechnung getragen: Die Bäume müssen freistehend sein, so daß vergleichbare Licht-, Wind- und Feuchtigkeitsbedingungen vorliegen. Da sich die Rindeneigenschaften – und damit die Wachstumsbedingungen für Flechten – unterschiedlicher Baumarten voneinander unterscheiden, sollte möglichst nur an einer Trägerbaumart kartiert werden.

Weil diese Forderung in der Praxis in der Regel nicht zu erfüllen sein wird, soll man sich bei der Kartierung zumindest auf Bäume mit ähnlichen Rindeneigenschaften beschränken.

Tab. 1 gibt einen Überblick über jene Artengruppen, die innerhalb einer Kartierung verwendet werden dürfen.

Weiterhin wird gefordert, daß der Baumumfang – und damit das Alter – bestimmte Unter- und Obergrenzen nicht überschreitet. Abzulehnen sind auch alle schräg gewachsenen Bäume und solche, die Einflüssen, wie z.B. Verwundungen oder Scheuern auf Viehweiden, ausgesetzt sind oder waren. Allgemein gesagt ist darauf zu achten, daß die Untersuchungsbäume repräsentativ für das Untersuchungsgebiet sind und miteinander vergleichbare Bedingungen aufweisen.

3.3 Flechtenaufnahme

Die qualitative (Arten) und quantitative (Häufigkeit) Erfassung der Flechten am Baumstamm erfolgt ebenfalls nach streng standardisierten Vorgaben: Die Flechten werden innerhalb einer definierten Aufnahmefläche an der am

— 1 km —

6 Bäume

Meß-fläche

Im Normalfall wird ein Meßnetz mit aneinanderschließenden Meßflächen von 1 km Seitenlänge installiert. In jeder Meßfläche werden sechs Bäume untersucht.

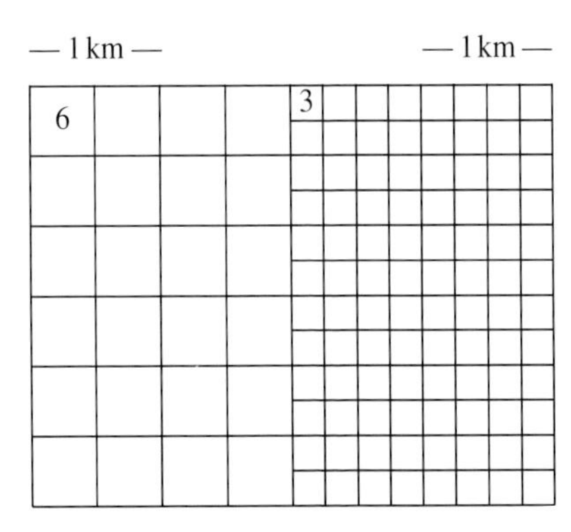

Bei Meßnetzverdichtung auf Meßflächen von 500 m Seitenlänge werden ebenfalls 6 Bäume untersucht. Bei Meßnetzverdichtung auf Meßflächen mit 250 m Seitenlänge werden pro Meßfläche 3 geeignete Bäume untersucht.

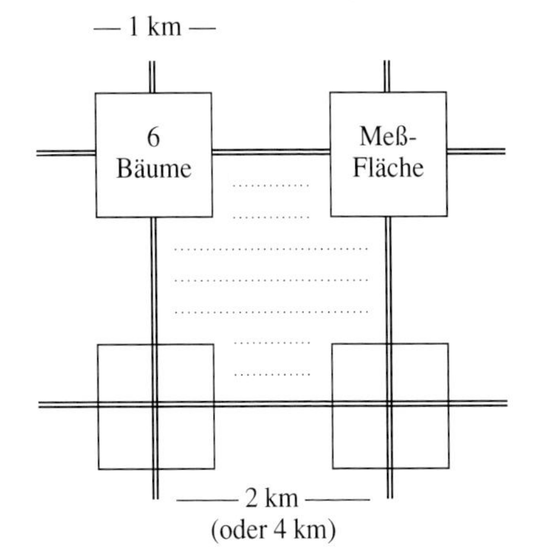

Bei großflächigen Untersuchungen (Meßnetze von 2 bzw. 4 km Seitenlänge) wird der arithmetrische Mittelwert aus den Ergebnissen der vier an den Kanten installierten Meßflächen von 1 km^2 berechnet.

Abb. 4: Möglichkeiten der Anlage verschiedener Meßnetze.

Tab. 1. Baumartengruppen, die gemeinsam als Substrat kartiert werden dürfen

Bäume mit ± subneutraler Borke	Bäume mit ± mäßig saurer Borke	Bäume mit ± saurer Borke
Spitzahorn (*Acer platanoides*)	Bergahorn (*Acer pseudoplatanus*)	Schwarzerle (*Alnus glutinosa*)
Esche (*Fraxinus excelsior*)	Birne (*Pyrus communis*)	Birke (*Betula* spec.)
Walnuß (*Juglans regia*)	Robinie (*Robinia pseudacacia*)	Vogelkirsche (*Prunus avium*)
Apfel (*Malus* spec.)	Winterlinde (*Tilia cordata*)	Pflaume (*Prunus domestica*)
Pappel (*Populus* spec.)	Sommerlinde (*Tilia platyphyllos*)	Stieleiche (*Quercus robur*)
Ulme (*Ulmus carpinifolia*)		Traubeneiche (*Quercus petraea*)

stärksten bewachsenen Seite des Stammes erfaßt (s. Abb. 5).

In einem Aufnahmebogen (s. Tab. 2) wird die Zahl der Teilflächen des Aufnahmegitters angegeben, in denen eine bestimmte Flechte vorkommt; die maximale Frequenz (Häufigkeit) einer Art an einem Baum beträgt somit 10. Diese Prozedur wird für alle innerhalb des Gitters vorkommenden Arten wiederholt (sehr kleine Exemplare, die nicht zu bestimmen sind, werden weggelassen). Zum sicheren Ansprechen der Flechten sollte in der Regel dieses Buch genügen. Bei seltenen Exemplaren, die hier nicht aufgeführt sind, werden als weitergehende Bestimmungshilfen die beiden Flechtenfloren von Wirth (1995a, b) empfohlen. Bei der Berechnung der Luftgüte nach der Richtlinie werden allerdings ohnehin nicht alle Arten berücksichtigt (s. Tab. 2).

3.4 Auswertung der Flechtenkartierung

In die Auswertung gehen nur jene Flechten ein, die in Mitteleuropa noch relativ häufig vorkommen. Leicht zu verwechselnde Arten sind zu Artengruppen zusammengefaßt worden. Damit soll die Gefahr von Fehlbestimmungen vermieden werden.

Von den sehr häufigen wird die toxitoleranteste Art – *Lecanora conizaeoides* – zwar mit aufgenommen, geht aber in der Regel nicht in die Auswertung mit ein, weil sich diese Art gegenüber Immissionen abweichend von den anderen Arten verhält (s. Abb. 6).

Bei sehr hohen Immissionskonzentrationen findet selbst *Lecanora conizaeoides* keine Existenzmöglichkeiten. Mit zurückgehender Schadstoffbelastung erreicht sie jedoch sehr rasch hohe Frequenzwerte; bei weiter abnehmender Luftverunreinigung geht sie – anders als die meisten Flechten – wieder zurück. Andere Arten treten erst später – korrespondierend zu ihrer Toxitoleranz – auf. Ihre Frequenzkurve steigt allmählich an, um sich bei geringer Belastung auf einem ± konstanten Niveau einzupendeln.

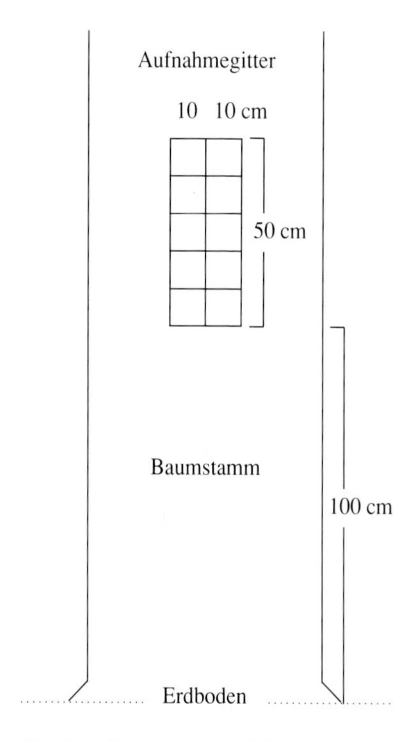

Abb. 5: Aufnahmegitter zur Erfassung der Frequenz von Flechten. Die Befestigung des Gitters am Baum erfolgt sinnvollerweise mit einem Expander-Gummistrang.

Aus der Darstellung wird ersichtlich, daß die Einbeziehung von *Lecanora conizaeoides* zu einer Verfälschung der Ergebnisse führen würde – zumindest dann, wenn sich ihre Kurve wieder abwärts neigt. Deshalb darf diese Art nur ausgewertet werden, wenn sie allein vorkommt.

Die Berechnung der Luftgütewerte einer Station geschieht folgendermaßen: Zunächst wird für jede vorkommende Flechtenart die mittlere Frequenz an den sechs untersuchten Bäumen ermittelt; danach werden die mittl. Frequenzen der gefundenen Arten – mit Ausnahme von Lecanora conizaeoides – addiert: Man erhält die Frequenzsumme = Luftgütewert (Beispielstab. 3 und 4).

Bei kleinen Untersuchungsgebieten bzw. für Kartierungen z. B. mit Schulklassen genügt die Berechnung der Luftgütewerte an den Untersuchungsstationen. Soll das weitergehende Auswertungsverfahren nach VDI-Vorschrift zum Einsatz kommen, so werden die Luftgütewerte zu Luftgüteklassen zusammengefaßt, um eine übersichtliche kartographische Darstellung zu ermöglichen. Die Breite der Klassen richtet sich dabei nach der Streuungsbreite der Einzeldaten des Projekts. Ist die Fehlerstreuung groß, so dürfen nur wenige Luftgüte-Klassen ausgewiesen werden, d. h., eine differenzierte Darstellung der Immissionssituation ist bei einer solchen Untersuchung nicht möglich. Die Fehlerstreuung innerhalb eines Projekts ist einerseits von der Sorgfalt der Flechtenerhebung und vom Grad der Standardisierung der Trägerbäume, andererseits aber auch von der Homogenität des Untersuchungsgebietes abhängig. Die Klassenbreite der Luftgüteklassen wird über die mittlere Standardabweichung aller Meßflächen des Projektes ermittelt; die Formeln zur Berechnung sind der VDI-Richtlinie zu entnehmen, die auch ausführlich auf das Verfahren der Berechnung eingeht.

Im Gegensatz zu älteren Auswertungsmethoden der Flechtenkartierung bietet die Richtlinie ein neues Verfahren zur Bewertung der Luftgüteklassen an. Auf der Grundlage einer Vielzahl

Tab. 2. Artenliste und Aufnahmebogen für die in die VDI-Berechnung eingehenden Flechten

Untersuchungsgebiet: **Nr. der Meßfläche:**

Datum: **Bearbeiter:** **Hoch-/Rechtsw.:** / **Baumnr.:**

Flechtenart	Frequenz	Flechtenart	Frequenz	Flechtenart	Frequenz
Anaptychia ciliaris		*Lepraria incana*-Gruppe		*Pertusaria pertusa*-Gruppe	
Bryoria fuscescens		*Ochrolechia turneri/micr.*		*Phaeophyscia orbicularis*	
Buellia punctata		*Parmelia acetabulum*		*Phlyctis argena*	
Candelaria concolor		*Parmelia caperata*		*Physcia tenella/ adscendens*	
Candelariella reflexa/xanthost.		*Parmelia exasperatula*		*Physcia aipolia/ stellaris*	
Cetraria chlorophylla		*Parmelia flaventior*		*Physconia distorta*	
Evernia prunastri		*Parmelia glabra*		*Physconia enteroxantha*	
Hypocenomyce scalaris		*Parmelia glabratula*		*Physconia grisea*	
Hypogymnia farinacea		*Parmelia pastillifera*		*Physconia perisidiosa*	
Hypogymnia physodes		*Parmelia saxatilis*		*Platismatia glauca*	
Hypogymnia tubulosa		*Parmelia subargentifera*		*Pseudevernia furfuracea*	
Lecanora alloph/ argen/chlarotera		*Parmelia subrudecta*		*Ramalina farinacea*	
Lecanora carpinea-Gruppe		*Parmelia sulcata*		*Ramalina fastigiata*	

Untersuchungsgebiet: **Nr. der Meßfläche:**

Datum: **Bearbeiter:** **Hoch-/Rechtsw.:** / **Baumnr.:**

Flechtenart	**Fre-quenz**	**Flechtenart**	**Fre-quenz**	**Flechtenart**	**Fre-quenz**
L. conizaeoides (Deckungsgrad!)		*Parmelia tiliacea*		*Ramalina fraxinea*	
Lecanora expallens		*Parmeliopsis ambigua*		*Ramalina pollinaria*	
Lecanora hagenii-Gruppe		*Pertusaria albescens*		*Usnea* spec.	
Lecanora pulicaris		*Pertusaria amara*		*Xanth. cand./ fallax*-Gruppe	
Lecanora saligna		*Pertusaria coccodes*		*Xanthoria parietina*	
Lecidella elae-ochroma-Gruppe		*Pertusaria flavida*		*Xanthoria polycarpa*	
Frequenzsumme:		Frequenzsumme:		Frequenzsumme:	
Frequenzsumme aller am Baum gefundenen Arten:					

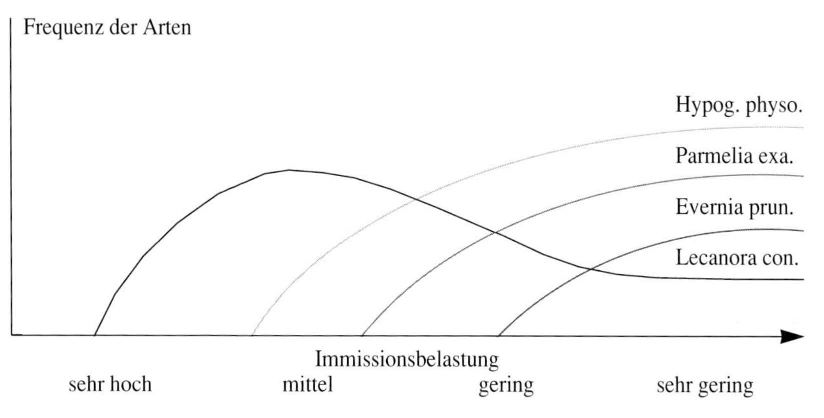

Abb. 6: Beziehungen zwischen Luftschadstoffen und den Existenzmöglichkeiten für Flechten (schematische Darstellung am Beispiel unterschiedlich toxitoleranter Flechten).

Tab. 3. Berechnung des Luftgütewertes (hoch belasteter Standort)

Flechtenart	**Frequenz der Flechte an Baum Nr.**						**mittlere Frequenz der Art**
	1	2	3	4	5	6	
(Lecanora conizaeoides	9	8	8	10	9	10	9,0)
Lepraria incana	3	–	4	4	2	1	2,3
Buellia punctata	1	3	4	–	2	–	1,7
Physcia tenella	–	2	–	1	1	1	0,8
	Luftgütewert (LGW):						**4,8**

Tab. 4. Berechnung des Luftgütewertes (gering belasteter Standort)

Flechtenart	**Frequenz der Flechte an Baum Nr.**						**mittlere Frequenz der Art**
	1	2	3	4	5	6	
(Lecanora conizaeoides	4	2	–	–	2	1	1,5)
Physcia tenella	10	10	8	10	9	9	9,3
Candelariella xanthostigma	7	5	9	6	7	4	6,3
Buellia punctata	8	8	6	7	8	–	6,2
Lecanora expallens	3	5	5	7	–	–	3,3
Parmelia sulcata	3	2	4	3	3	5	3,3
Hypogymnia physodes	4	–	–	5	6	4	3,2
Lepraria incana	3	5	1	–	–	1	1,7
Lecanora saligna	3	1	1	2	–	2	1,5
Lecanora chlarotera	1	–	–	4	–	3	1,3
Parmelia glabratula	–	–	2	1	1	–	0,7
Evernia prunastri	–	–	1	–	1	–	0,3
Pertusaria albescens	–	–	1	–	–	–	0,2
	Luftgütewert (LGW):						**37,3**

von Flechtenkartierungen mitteleuropäischer Gebiete wurde eine mittlere Klassenbreite errechnet, die für den Geltungsbereich der Richtlinie (mit Ausnahme der Alpen) repräsentativ ist. Bei einer Klassenbreite von 12,5 werden sechs Luftgütezonen ausgewiesen und mit einer Farbskala sowie mit einer verbalen Bewertung der jeweiligen Belastungssituation gekoppelt (s. Abb. 7).

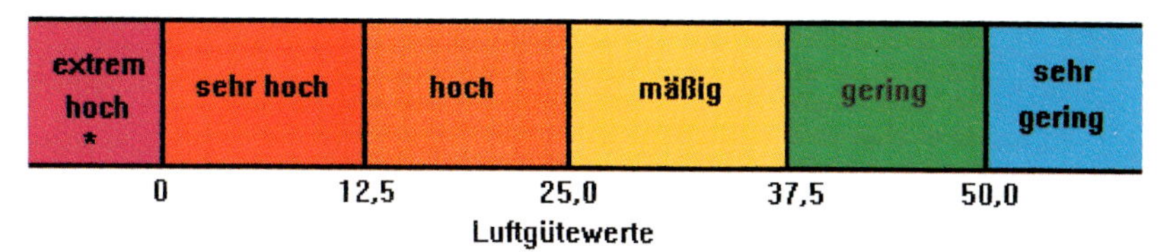

Abb. 7: Mitteleuropäische Bewertungsskala der Luftgüteklassen (Klassenbreite: 12,5).
* Diese Klasse wird nur ausgewiesen, wenn keine anderen Flechten – außer *Lecanora conizaeoides* – vorkommen. Hier kann eine weitergehende Differenzierung mit dieser Art vorgenommen werden (siehe VDI-Richtlinie).

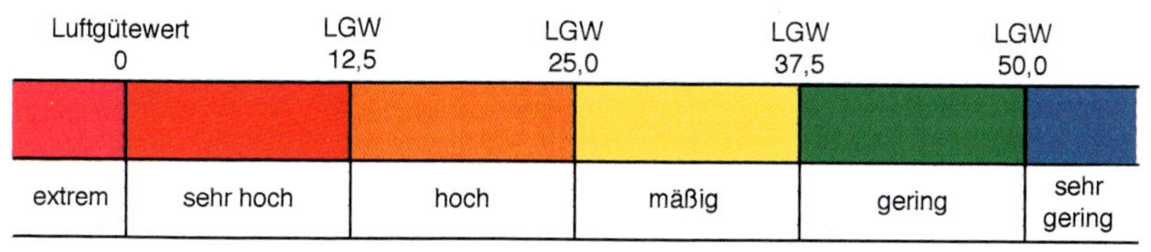

Bewertung für Hessen (Klassenbreite: 7,4)

LGW 0 | LGW 7,4 | LGW 14,8 | LGW 22,2 | LGW 29,6 | LGW 37,0 | LGW 44,4 | LGW 51,8

sehr hoch | sehr hoch bis hoch | hoch | hoch bis mäßig | mäßig | gering | gering bis sehr gering

Lufthygienische Belastung innerhalb der Klassen

Abb. 8: Einteilung der hessischen Kartierungsergebnisse in Luftgüteklassen sowie Einordnung der Klassen in die mitteleuropäische Bewertungsskala.

In die mitteleuropäische Skala werden nun die Ergebnisse der eigenen Kartierung eingeklinkt. Als Beispiel sei hier das Ergebnis einer Kartierung des Landes Hessen angeführt (Kirschbaum et al. 1995). Die Klassenbreite war dabei 7,4. Der niedrigste Luftgütewert eines Rasterquadrates lag bei 0, der höchste bei 51,2. Daraus ergibt sich Abb. 8.

Das Beispiel zeigt, daß – aufgrund der geringen Fehlerstreuung – die Klassenbreite unter der der mitteleuropäischen Skala liegt. Somit können insgesamt sieben Zonen unterschiedlicher lufthygienischer Qualität ausgewiesen werden. Da sich die hessischen Klassen teilweise mit den mitteleuropäischen überschneiden, werden Mischfarben und Mischbewertungen verwertet, um die lufthygienische Situation differenziert darstellen zu können. Im Anschluß an die Auswertung erfolgt eine kartographische Darstellung der Ergebnisse, die einen Überblick über die lufthygienische Situation des Landes Hessen vermittelt (siehe Karte).

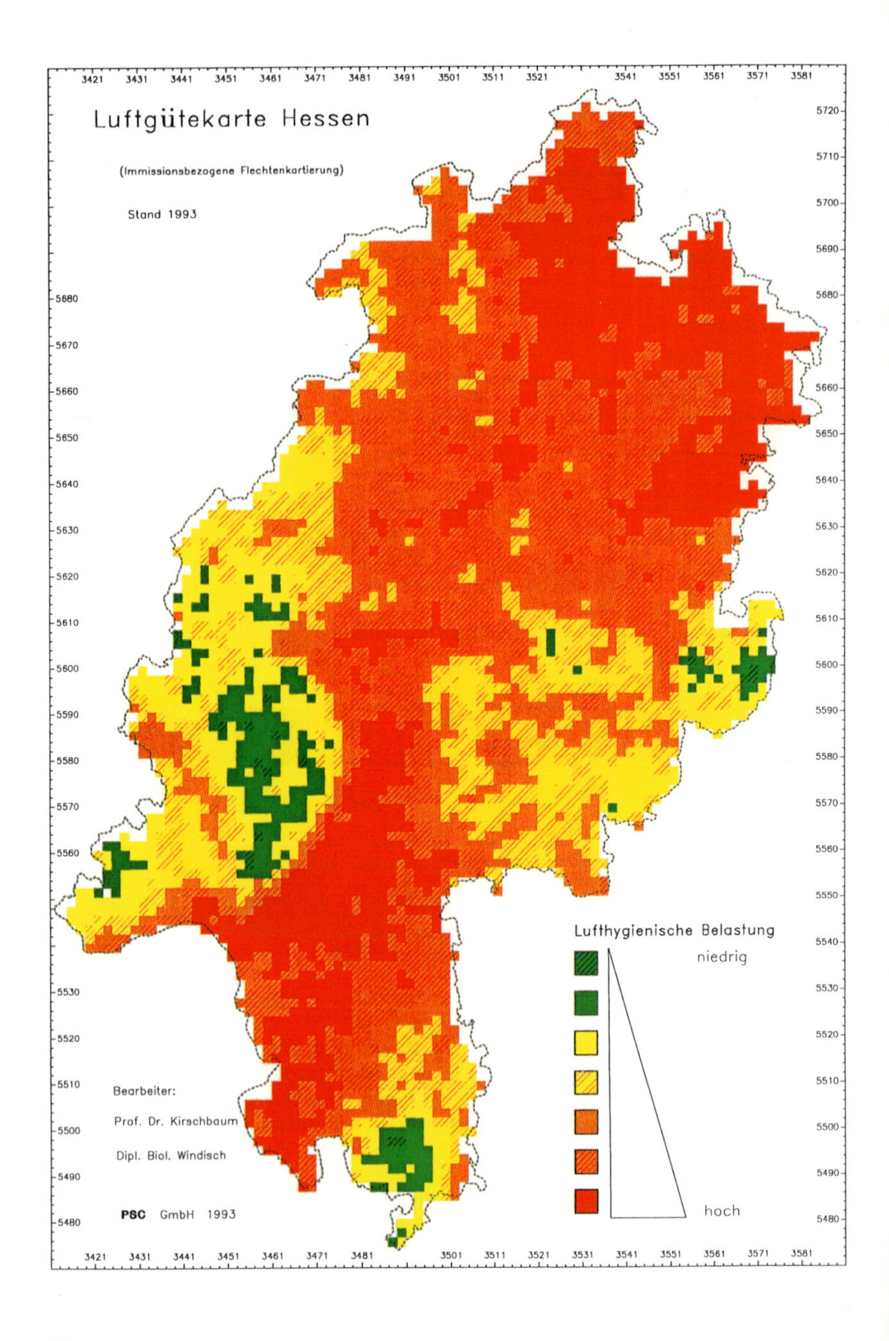
Luftgütekarte Hessen
(Immissionsbezogene Flechtenkartierung)
Stand 1993
Lufthygienische Belastung
niedrig
hoch
Bearbeiter:
Prof. Dr. Kirschbaum
Dipl. Biol. Windisch
PSC GmbH 1993

3.5 Toxitoleranz

Wenn keine Möglichkeit besteht, eine Flechtenkartierung durchzuführen, kann eine erste Einschätzung der Immissionsbelastung über die von 1 bis 9 reichenden Toxitoleranzwerte der einzelnen Flechtenarten vorgenommen werden (Tab. 5). Je niedriger der Wert einer vorhandenen Art, desto empfindlicher ist sie und um so günstiger die lufthygienische Situation einzuschätzen. Umgekehrt kann aber von einem hohen Wert nicht automatisch auf hohe Luftbelastung geschlossen werden, da die meisten resistenten Arten auch bei geringer Belastung vorkommen. Eine gewisse Ausnahme bildet hier *Lecanora conizaeoides*, die an sehr gering belasteten Standorten fehlt. Da es selbstverständlich keine „Standard-Luftbelastungssituation" gibt und die einzelnen Schadstoffe verschieden stark und eventuell antagonistisch auf Flechten einwirken, können die Zahlenwerte nur als grobe Orientierung verstanden werden. Näheres bei WIRTH 1992.

Tab. 5. Toxitoleranz-Werte der VDI-Flechtenarten

Art	Wert	Art	Wert
Lecanora conizaeoides	9	Lecanora carpinea	5
Lepraria incana	9	Parmelia glabratula	5
Lecanora expallens	9	Parmelia tiliacea	5
Buellia punctata	9	Platismatia glauca	5
Hypocenomyce scalaris	8	Ramalina farinacea	5
Hypogymnia physodes	8	Xanthoria candelaria	5
Lecanora hagenii	8	Xanthoria fallax	5
Parmelia sulcata	8	Bryoria fuscescens	4
Phaeophysica orbicularis	8	Candelaria concolor	4
Physcia adscendens	8	Lecanora argentata	4
Physcia tenella	8	Ochrolechia turneri	4
Parmelia saxatilis	7	Pertusaria albescens	4
Parmeliopsis ambigua	7	Pertusaria amara	4
Physconia grisea	7	Pertusaria coccodes	4
Xanthoria parietina	7	Pertusaria flavida	4
Xanthoria polycarpa	7	Pertusaria pertusa	4
Candelariella xanthostigma	6	Physcia aipolia	4
Candelariella reflexa	6	Physcia stellaris	4
Hypogymnia farinacea	6	Physconia perisidiosa	4
Hypogymnia tubulosa	6	Ramalina pollinaria	4
Lecanora chlarotera	6	Usnea hirta	4
Lecanora pulicaris	6	Lecanora allophana	3
Lecanora saligna	6	Parmelia caperata	3
Lecidella elaeochroma	6	Parmelia pastillifera	3
Parmelia acetabulum	6	Parmelia subargentifera	3
Parmelia exasperatula	6	Physconia distorta	3
Parmelia flaventior	6	Physconia enteroxantha	3
Parmelia subrudecta	6	Usnea filipendula	3
Phlyctis argena	6	Anaptychia ciliaris	2
Pseudevernia furfuracea	6	Ramalina fastigiata	2
Cetraria chlorophylla	5	Ramalina fraxinea	2
Evernia prunastri	5		

4 Einsammeln von Flechten

Das Einsammeln von Flechten ist einfach. Soweit sie sich nicht ohne weiteres vom Substrat abheben (viele Erdflechten) oder vorsichtig von der Unterlage ablösen lassen (alle Strauchflechten, die meisten Laubflechten), werden sie mit dem Messer oder mit Hammer und Flachmeißel zusammen mit einem Stück Substrat (Rinde, Holz oder Gestein) entfernt. Bei den hier im Mittelpunkt des Interesses stehenden auf Rinde lebenden Arten ist darauf zu achten, daß möglichst kein lebendes Abschlußgewebe (helles saftführendes oder grünliches Gewebe) des Baumes beschädigt wird. Bei dicker Borke, wie z. B. bei alten Eichen, ist dies kein Problem, bei jüngeren Bäumen mit noch glatter oder flachrissiger Rinde ist es schwierig oder unvermeidlich. Hier sollte der Schnitt so flach wie möglich geführt werden.

Die Flechten packt man an Ort und Stelle in Papiertüten ein und notiert Fundort, Substrat und Datum. Plastiktüten eignen sich nur für den kurzzeitigen Transport, da frisches Material bei längerer Aufbewahrung in der Plastiktüte schimmelt. Frischmaterial breitet man aus und läßt es trocknen. Danach kann es ohne weiteren Aufwand in Herbartüten(-kapseln) eingelegt werden (Abb. 9). Sparrige Strauchflechten nehmen viel Platz weg und zerbrechen leicht. Man sollte sie, solange sie noch etwas feucht und elastisch sind, leicht pressen; gegebenenfalls befeuchtet man vorher ein wenig.

Herbarproben sollten mit einem Etikett versehen werden, auf dem Fundort, gegebenenfalls Standort, wie z. B. das Substrat (erleichtert Bestimmung), Datum und Sammler notiert sind.

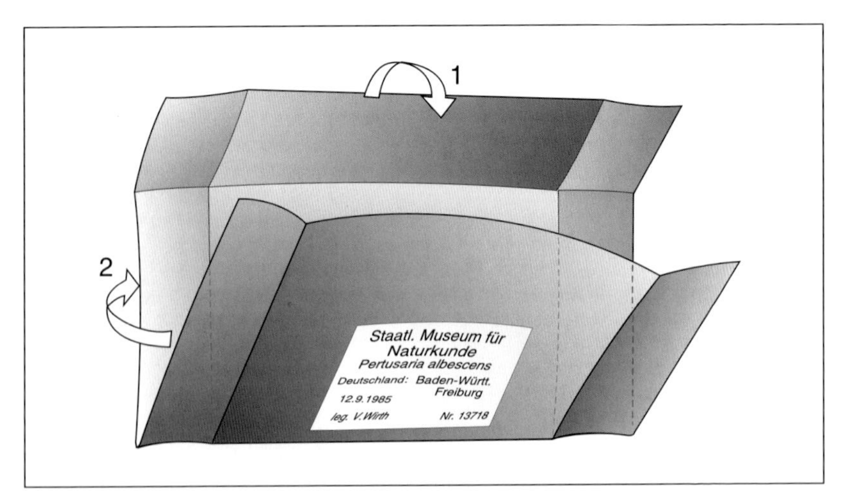

Abb. 9: Falttüte („Kapsel") zum Einlegen und Herbarisieren einer Flechtenprobe.

5 Untersuchen und Bestimmen von Flechten

5.1 Allgemeines

Die meisten Blatt- und Strauchflechten lassen sich ohne weiteres mit Hilfe einer Lupe, etliche ohne optische Hilfsmittel bestimmen. Maßgebend sind z. B. Form und Färbung des Lagers und der Fruchtkörper, Vorkommen von warzigen Auswüchsen (Isidien) und „mehligen“ Aufbrüchen (Sorale) und anderer Organe.

Für die Bestimmung von Krustenflechten ist in der Regel die Benutzung eines Mikroskopes notwendig. Zwar kann der geübte Flechtenkenner letztlich fast alle Flechten einschließlich der Krustenflechten allein über habituelle und ökologische Merkmale unterscheiden, aber *bestimmen* kann man sie allein nach äußeren Merkmalen gewöhnlich nicht, reichen doch unsere sprachlichen Möglichkeiten nicht aus, um die feinen Unterschiede in Färbung und Strukturen prägnant genug in Schlüsseln zu formulieren. Deshalb müssen meßbare und eindeutig definierbare mikroskopische Merkmale herangezogen werden, z. B. Sporenform und -größe, Bau der Fruchtkörper, Färbung von Fruchtkörperteilen usw. Zur Ermittlung solcher Merkmale sind oft Schnitte durch den Fruchtkörper nötig.

Bei der Bestimmung der hier behandelten, mit einiger Regelmäßigkeit auf freistehenden Bäumen auftretenden Arten kann notfalls auf ein Mikroskop verzichtet werden, wenn man sich bei einigen besonders schwierigen Gruppen mit der Ermittlung der „Sammelart“ begnügt.

Eine erhebliche Bestimmungshilfe bieten Farbreaktionen der Flechtenlager mit bestimmten Chemikalien. Viele Flechten enthalten nämlich Substanzen, die mit diesen Stoffen farbige Reaktionsprodukte ergeben. Die wichtigsten Reagenzien sind Kalilauge (KOH), Calcium- oder Natriumhypochlorit ($Ca(OCl)_2$/NaOCl) und para-Phenylendiamin ($H_2NC_6H_4NH_2$). Die Beschaffung der Reagenzien wird zunehmend schwieriger. Drogerien von Handelsketten nehmen heute individuelle Bestellungen nicht an. In Frage kommen Chemikalienhandlungen bzw. Geschäfte für Laborartikel (v. a. in Städten mit Hochschulen), unter Umständen auch Apotheken.

5.2 Diagnostisch wichtige Merkmale bei Flechten

5.2.1 Farbe des Lagers

Die Flechtenarten sind zum großen Teil weißgrau bis bläulichgrau, grünlichgrau, gelbgrünlich, seltener braun, gelb oder orange gefärbt. Obwohl die Färbung des Lagers ein wichtiges Merkmal ist, ist die Angabe der Lagerfarbe recht problematisch. Die Flechtenfarben sind häufig schwer zu beschreiben. Erst die Praxis zeigt dem Benutzer eines Schlüssels allmählich, was unter manchen Farbangaben zu verstehen ist. Hier helfen Farbfotos über die Mängel unserer Sprache hinweg. So dokumentiert ein Bild von *Parmelia caperata* oder *Usnea*, was unter blaßgrünlich bis gelbgrünlich bei Flechten verstanden wird, während die bloße Farbangabe ohne Bilddokumentation oft zu Mißverständnissen führt.

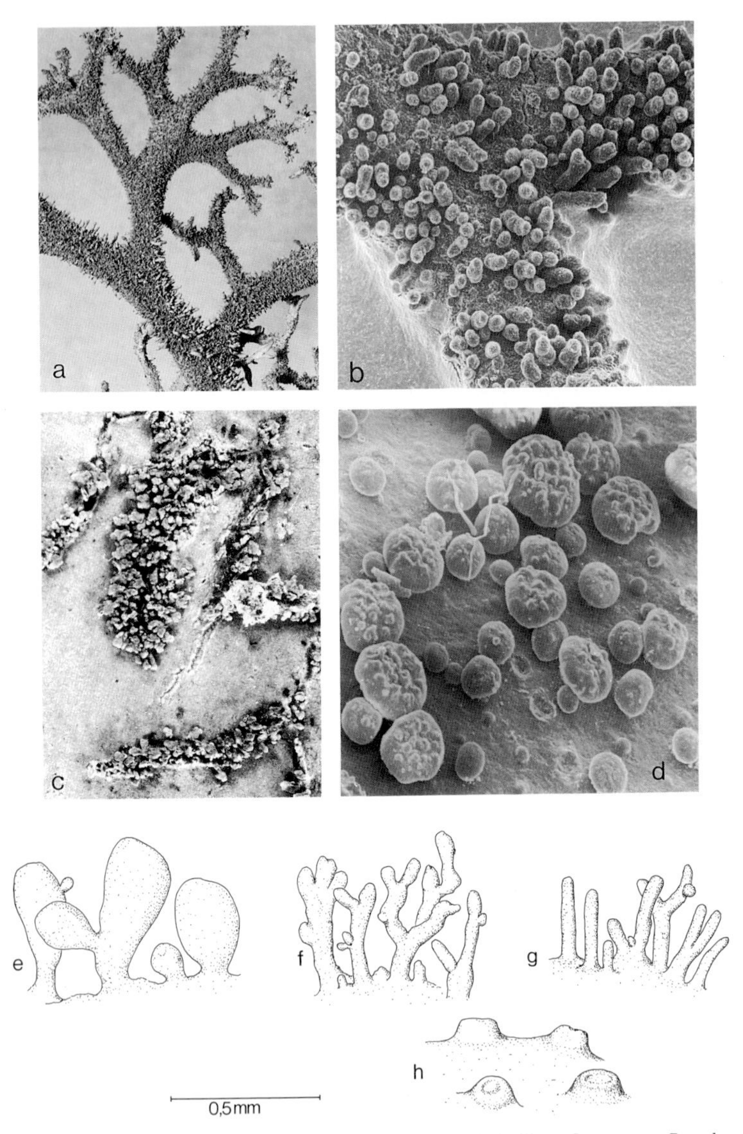

Abb. 10. Isidien. a und b: Zylindrische Isidien auf dem gabelteiligen Lager von *Pseudevernia furfuracea* (3 × bzw. 50 ×). c: Schuppige, aufsteigende Isidien an Rissen des Lagers von *Peltigera praetextata* (12 ×). d: Knopfartige Isidien von *Parmelia pastillifera* (56 ×). e: Spatelförmige bis keulige Isidien *(Parmelia exasperatula)*. f: Zylindrische bis korallenartig verzweigte Isidien *(P. elegantula)*. g: Zylindrische, einfache bis verzweigte Isidien *(P. glabratula)*. h: Warzenartige Papillen *(P. exasperata)* (c aus Wirth 1995a).

5.2.2 Gestalt und Bildungen des Lagers (Morphologie)

Wuchsformen

Nach der Wuchsform des Lagers werden drei Haupttypen unterschieden: krustiges Lager, blättriges Lager und strauchiges Lager. Ferner kann man Flechten mit schuppigem Lager unterscheiden. Der Vielfalt der Formen bei den Flechten kann man mit dieser groben Einteilung nicht gerecht werden. Für eine erste Ansprache ist sie jedoch sehr nützlich.

Sorale und Isidien

Zu den diagnostisch wichtigsten Bildungen des Flechtenlagers gehören die Sorale und die Isidien. Diese Organe dienen der vegetativen Fortpflanzung. Existenz und Form der Sorale und Isidien sind artspezifische Merkmale.

Die Isidien sind meist einfach stift- oder keulenförmige bis korallenartig verzweigte oder auch fast kugelige Auswüchse der Oberseite (Abb. 10 und 14), die leicht abbrechen und zu jungen Flechten auswachsen können. Sie sind gewöhnlich ähnlich wie das Lager gefärbt und sind auch anatomisch nicht grundsätzlich anders gebaut als die Thalluspartie, aus der sie hervorgegangen sind.

Bei den Soralen handelt es sich um mehlige, meist weißliche bis grünlichgraue Aufbrüche des Lagers, die aus einer Ansammlung von winzigen ± kugeligen Fortpflanzungskörperchen, den Soredien, bestehen. Die Soredien werden im Lager, gewöhnlich im Bereich der Algenschicht angelegt. Lage und Gestalt der Sorale sind artspezifisch unterschiedlich. Sie können auf der Fläche, am Rand oder an den Enden der Lappen sitzen, einen langgestreckt-linealischen oder rundlichen Umriß haben und konkav bis stark gewölbt sein oder eine fast lippenförmige Gestalt haben. Eine Übersicht verschiedener Formen geben Abb. 11 und 14.

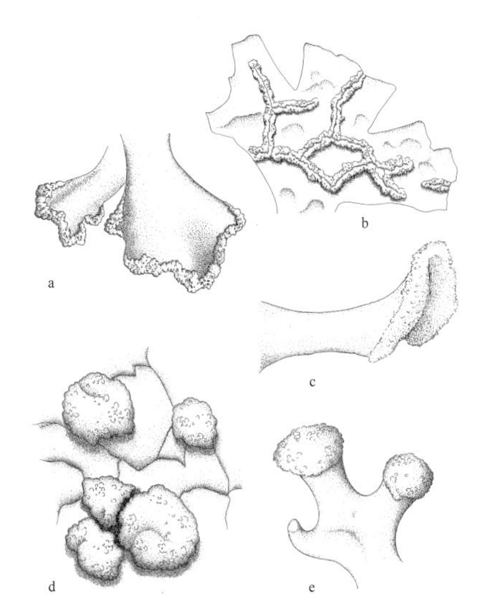

Abb. 11. Sorale. a: Bortensorale. b: strichförmige Sorale. c: Lippensoral. d: Kugelsorale. e: Kopfsorale.

Rhizinen, Borsten, Pseudocyphellen

Haftfasern oder Rhizinen finden sich auf der Unterseite von vielen Laubflechten und dienen der Anheftung des Lagers an das Substrat. Die Haftfasern können einfach, verzweigt, pinsel- oder flaschenputzerartig aufgefasert sein (Abb. 12). Bei einigen wenigen Arten von Laub- und Strauchflechten der heimischen Flora sind die Lappenränder oder Lappenenden mit charakteristischen borstenförmigen Fortsätzen (auch Cilien, Wimpern genannt) besetzt, z.B. bei *Anaptychia ciliaris* (Abb. 13). Bedeutende diagnostische Strukturen sind auch die Pseudocyphellen. Dies sind sehr zarte punkt- oder linienartige weißliche Durchbrechungen oder Lücken in der Oberrinde vor allem von Laub- und Strauchflechten. Mitunter sind die Linien vernetzt und sitzen auf sehr schwach erhabenen Leisten (Abb. 14, siehe auch Abb. von *Parmelia flaventior* und *P. saxatilis*).

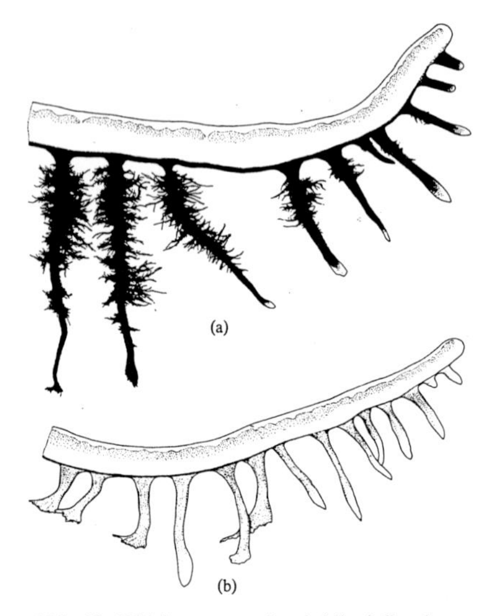

Abb. 12. Rhizinen. a: rechtwinklig („flaschenputzerartig“) auffasernde Rhizinen von *Physconia distorta*, b: einfache Rhizinen von *Ph. grisea* (aus Purvis et al. 1992: The Lichen flora of Great Britain).

Oberflächenbeschaffenheit des Lagers
Die Oberfläche der Laub- und Strauchflechten ist – abgesehen vom Auftreten von Isidien und Soralen – glatt bis runzelig oder mitunter durch schwach erhabene Leisten gegliedert. Bei vielen Krustenflechten ist das Lager rissig oder in ± getrennte Areolen unterteilt; es kann auch aus mehr oder weniger dicht gedrängten bis zerstreuten Körnchen bestehen oder mitunter völlig mehlig aufgelöst sein. Von korallinischem Lager spricht man, wenn es aus länglichen, verzweigten „Körnern“ aufgebaut ist.

Fruchtkörper
Die überwiegende Zahl der heimischen Laub- und Strauchflechten pflanzt sich vegetativ mit Hilfe von Soredien, Isidien oder Thallusbruchstücken fort. Diese Arten entwickeln gewöhnlich keine Fruchtkörper. Umgekehrt bilden regelmäßig fruchtende Arten in der Regel keine vegetativen Fortpflanzungsorgane aus.

Die bei den Flechten auftretenden Fruchtkörper entstehen in Zusammenhang mit sexuellen Vorgängen des Flechtenpilzes. Da fast alle Flechtenpilze zu den Ascomyceten gehören, sind die Fruchtkörper sog. Ascocarpien. Liegt das sporenerzeugende Gewebe (Hymenium) offen zutage, handelt es sich um **Apothecien**, ist es in mehr oder weniger kugelige Gebilde eingeschlossen und nur durch eine Pore mit der Außenwelt verbunden, in der Regel um **Perithecien**. Die hier im Rahmen von Bioindikations-Untersuchungen interessierenden Arten freistehender Bäume entwickeln fast durchweg Apothecien. Es sind dies gewöhnlich vom Lager scharf abgesetzte, im Umriß rundliche, scheiben- bis schüsselförmige oder halbkugelige Gebilde, die sehr verschieden gefärbt sein können und oft deutlich berandet sind. Ist der Rand wie der übrige Teil, die sog. Scheibe, gefärbt, spricht man von Eigenrand; hat er die Farbe des Lagers und enthält

Abb. 13. Wimpern (Cilien) an den Lappenrändern von *Anaptychia ciliaris*.

Abb. 14. Isidien, Sorale, Pseudocyphellen. Oben: *Pseudevernia furfuracea* mit zylindrischen Isidien und *Parmelia pastillifera* mit knopfartigen Isidien. Unten links: Flecksorale bei *Parmelia subrudecta* (oben), Pseudocyphellen bei *Parmelia sulcata* (unten). Unten rechts: Flecksorale bei *Pertusaria albescens*.

er, entsprechend dem Aufbau des Lagers, Algen, handelt es sich um einen Lagerrand.

In den Schlüsseln spielen folgende Fruchtkörpermerkmale eine Rolle: Größe, Gestalt, Farbe, Berandung, Sitz auf dem Lager.

Größe: Bezug genommen wird auf die Breite (Durchmesser), selten (bei „stecknadelförmigen" Fruchtkörpern) die Höhe; angegeben ist oft nur die maximale Größe (ohne völlig aus dem Rahmen fallende Werte), mitunter Minimal- und Maximalgröße.

Gestalt: Hierbei spielen Umriß der Fruchtkörper (z.B. rundlich oder länglich), Form der Scheibe (konkav, flach, gewölbt) eine Rolle.

Berandung: Als Rand wird eine äußerlich sichtbare Berandung der Apothecienscheibe bezeichnet. Oft ändern sich Wölbung der Scheibe und Ausprägung des Randes mit zunehmendem Alter des Apotheciums: Jung ist die Scheibe flach, der Rand deutlich entwickelt, im Alter wölbt sich die Scheibe zusehends und der Rand schwindet mehr und mehr. Ein Lagerrand (siehe oben) ist gewöhnlich lagerfarben, ein Eigenrand ist gewöhnlich wie die Scheibe gefärbt.

Sitz auf dem Lager: Es wird unterschieden zwischen aufsitzenden, teilweise (±) eingesenkten und völlig eingesenkten (d.h. die Lageroberfläche nicht überragenden) Fruchtkörpern. Aufsitzende Apothecien können dem Lager dicht angedrückt oder relativ locker, d.h. mit verengter Basis aufsitzen.

5.2.3 Bau der Flechten (Anatomie)

Das Lager

In der Flechte umhüllt der Pilz mit einem Geflecht von fädigen Strukturen (Hyphen) in der Regel zahlreiche ein-, selten mehrzellige Algen der Partnerart. Die Algen sind gewöhnlich in einer Zone konzentriert. Den übrigen Raum in der Flechte nimmt der Pilzpartner ein, der

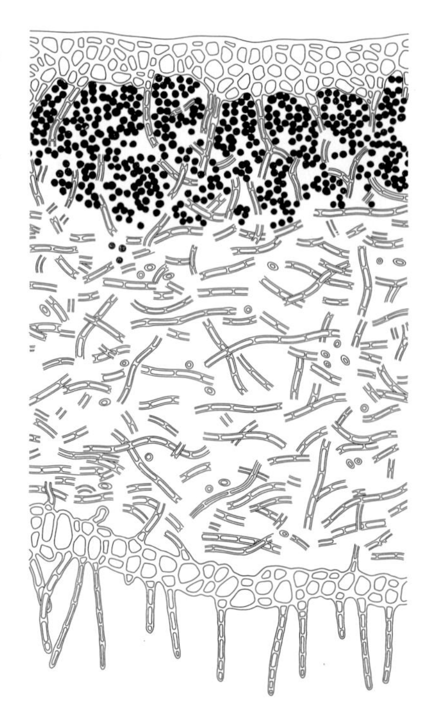

Abb. 15. Halbschematischer Schnitt durch eine Blattflechte. Zuoberst Rinde aus dichtem Pilzhyphen-Geflecht, darunter Algenschicht, gefolgt von der mächtigen Markschicht aus locker verlaufenden Hyphen, zuunterst Unterrinde.

auch durch die Anordnung der Hyphen oft die Form der Flechte bestimmt. Angaben zur Lageranatomie sind in dem hier gesteckten Rahmen nicht notwendig.

Nach außen hin bilden die Pilzhyphen oft eine dichte schützende, besonders strukturierte Rinde. Unter der Rinde liegt die Algenschicht, in der die Algen von Pilzhyphen umsponnen sind. Unter der Algenschicht ist ein meist relativ mächtiges Mark aus locker verflochtenen Hyphen entwickelt. Bei Krustenflechten sitzt das Lager mit dem Mark

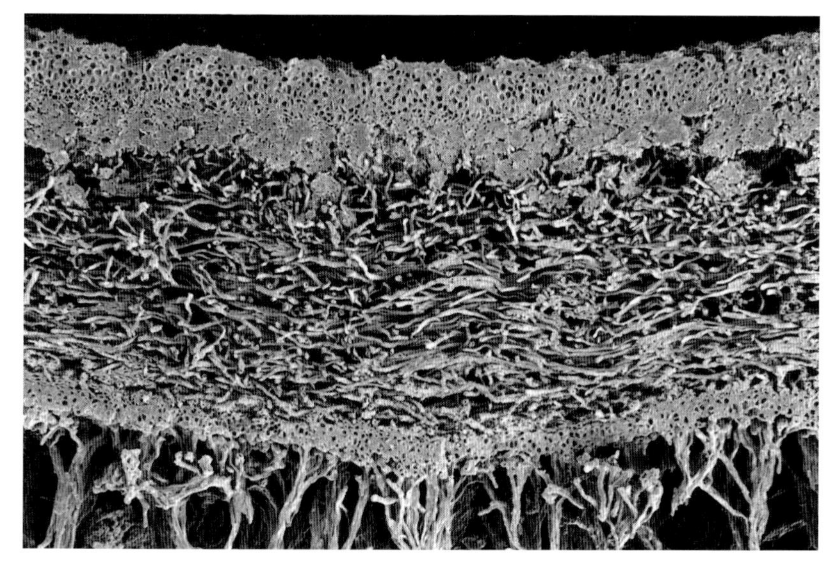

Abb. 16. Rasterelektronenmikroskopische Aufnahme eines Schnittes durch eine Laubflechte.

dem Substrat auf. Bei Laub- und Strauchflechten ist meist auch auf der Unterseite eine Rinde entwickelt, d.h. die Flechte ist ringsum von einer Rindenschicht umgeben. Auf der Unterseite von Laubflechten sind oft noch besondere Haftorgane, z.B. Rhizinen, vorhanden (Abb. 15 und 16).

Die Fruchtkörper

Perithecien sind kugelig bis birnenförmig. Das Hymenium ist bei ihnen völlig eingeschlossen. Der Fruchtkörper öffnet sich nur durch eine Pore (Abb. 17). Bei den *Apothecien* liegt die Oberfläche des in der Regel scheibenförmigen Hymeniums frei zutage. Sie sind in Aufsicht meist rund, können aber auch oval bis langgestreckt oder verzweigt sein; oft sind sie durch einen sichtbaren Rand begrenzt (Abb. 18).

Für die in diesem Buch abgefragten Bestimmungsmerkmale sind in der Regel keine sorgfältigen anatomischen Untersuchungen notwendig. Bei Sporenmerkmalen beispielsweise genügen Quetschpräparate. Bei einigen schwierigeren Gruppen sind jedoch zur Absicherung der Bestimmung Fruchtkörperschnitte sehr hilfreich, für weitergehende Studien sind sie unerläßlich.

Die Anfertigung der Schnitte ist nicht schwierig. Sie wird sehr erleichtert, wenn ein Binokular bzw. eine Präparierlupe zur Verfügung steht, unter der man mit beiden Händen arbeiten kann. Zumindest bei größeren Fruchtkörpern lassen sich auch ohne Hilfe von Lupen Schnitte herstellen.

Mit der einen Hand hält man die Flechte fest, mit der anderen Hand zieht man mit einer ungebrauchten Rasierklinge parallele (vertikale) Schnitte durch den Fruchtkörper. Am besten entfernt man zunächst einen randlichen Teil, etwa ein Viertel bis ein Drittel des Fruchtkörpers und schneidet danach möglichst dünne Scheibchen, wie von einem Brot, ab. Bei manchen Flechten brechen die Fruchtkörper leicht ab und

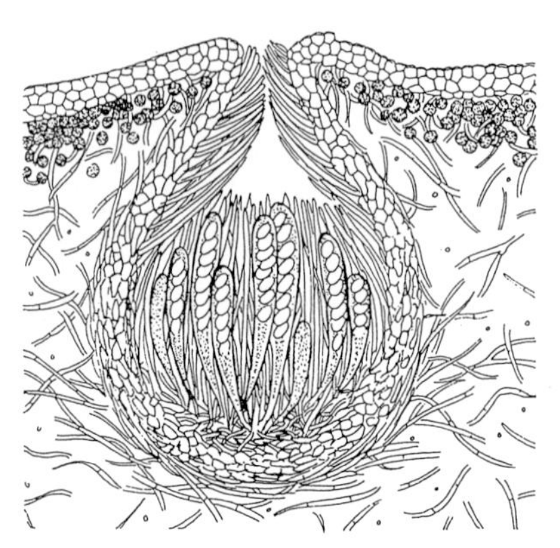

Abb. 17. Schematischer Schnitt durch ein Perithecium (aus POELT 1967, Best.schlüssel europäischer Flechten).

sind dann kaum noch zu manipulieren. In diesem Fall kann man den Fruchtkörper mit einer Pinzette oder einer Präpariernadel auf eine Holz- oder Pappunterlage bringen und dort festkleben. Die Schnitte können am trockenen oder (vor allem bei harten Früchten besser) am mit Wasser gequollenen Objekt durchgeführt werden. Sehr hilfreich kann es sein, wenn man das Objekt so mit einem Finger festhält, daß der Fingernagel fast senkrecht steht und als „Rückenstütze" für die Rasierklinge dienen kann. Die Schnitte lassen sich mit der (unter Umständen) angefeuchteten Ecke der Rasierklinge oder mit der Spitze einer Präpariernadel leicht vom Objekt abnehmen. Sie werden dann in einen kleinen Wassertropfen auf dem Objektträger gebracht und mit einem Deckglas bedeckt. Wenn die Schnitte nicht dünn genug sind, kann man etwas quetschen. Dazu legt man den Objektträger mit dem Deckglas nach unten auf eine Lage Fließpapier (auf glatter Unterlage) und preßt.

Die Apothecien bestehen im wesentlichen aus dem Hymenium und dem es ring- bis schüsselförmig umschließenden Excipulum. Die Oberfläche des Hymeniums ist als Scheibe, das Excipulum oft als Rand äußerlich erkennbar. Unter dem Hymenium befindet sich das Hypothecium. Das Hymenium ist aus mehr oder weniger senkrecht angeordneten Hyphenfäden, den Paraphysen, aufgebaut und an diesem Aufbau im Fruchtkörperschnitt leicht zu erkennen; zwischen den Paraphysen sitzen die zylindrischen, keuligen oder bauchigen Asci, in denen die Sporen heranreifen.

Die Sporen werden gewöhnlich zu acht gebildet und sind ein- oder mehrzellig, farblos oder gefärbt. Färbung, Septierung, Form und Größe sind oft bedeutende Bestimmungsmerkmale, werden hier aber kaum gebraucht; auf Größenermittlung kann bei den hier behandelten Arten ganz verzichtet werden. Das Excipulum, welches das Hymenium seitlich abschließt, und das Hypothecium

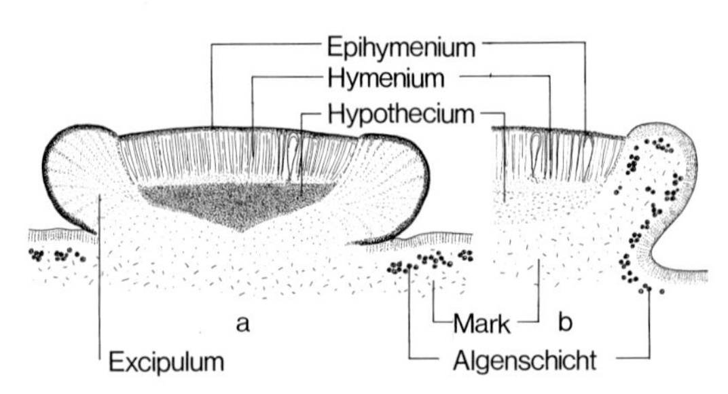

Abb. 18. Schematischer Schnitt durch ein Apothecium mit Eigenrand (links) und mit Lagerrand (rechts) (aus WIRTH 1980, Flechtenflora).

sind farblos oder pigmentiert; auch auf diese Merkmale kann in den hier verwendeten Schlüsseln verzichtet werden. Enthält das Excipulum Algen, handelt es sich in der Regel auch um einen äußerlich als solchen erkennbaren Lagerrand.

Geht es bei der Bestimmung nur um Sporenmerkmale oder die Färbung des Epihymeniums – wie bei manchen hier interessierenden Arten – genügt vielfach ein wenig aufwendiges Grobverfahren. Man feuchtet die Fruchtkörper an, läßt sie aufquellen, löst sie (am besten nach Halbierung oder Drittelung) von der Flechte ab und zerquetscht sie in einem Wassertropfen auf dem Objektträger, z. B. mit der Klinge eines Taschenmessers. Oft kann an solchen Quetschpräparaten auch die Färbung des Hypotheciums und des Excipulums beurteilt werden, doch können hier Irrtümer relativ leicht vorkommen.

5.3 Chemismus der Flechten: Bestimmung mit Hilfe von Farbreaktionen

Viele Flechten enthalten bestimmte sekundäre Stoffwechselprodukte, sogenannte Inhaltsstoffe. Dies sind organische Verbindungen unterschiedlichster Struktur, die zu einem großen Teil nur von Flechten bekannt sind. Sie können vom versierten Flechtenkundler mittels verschiedener Verfahren, z. B. Dünnschichtchromatographie, ermittelt werden. Einige dieser Stoffe sind farbig (Pigmente). Diese Pigmente sind gewöhnlich in der Rinde der Flechtenthalli lokalisiert und für die gelbe, gelbgrünliche, braune oder rote Färbung vieler Arten verantwortlich. Die meisten Flechtenstoffe sind farblos; mit wenigen Ausnahmen sind sie im Mark (Medulla) der Flechtenlager lokalisiert.

Ein Teil dieser farblosen Stoffe reagiert mit Reagenzien wie Kalilauge oder Natriumhypochlorit zu farbigen Verbindungen. Da ähnlich aussehende Arten oft mit recht verschiedenenen Inhaltsstoffen ausgestattet sind, kann diese „Farbreaktion" als wertvolle Zusatzinformation und einfache Bestimmungshilfe genutzt werden.

In der Praxis wird ein möglichst kleiner Tropfen des Reagenz auf die zu prüfende Stelle des Flechtenlagers gegeben und die Reaktion ermittelt, die sofort oder allmählich, gewöhnlich innerhalb einer Viertelminute, eintritt. Die Reaktion von Flechtenrinde (d. h. der Oberseite der Flechte) und von Flechtenmark ist wegen der unterschiedlichen Inhaltsstoffe dieser Lagerteile oft verschieden. Da mitunter diagnostisch interessante Inhaltsstoffe im Mark liegen, ist es in diesen Fällen nötig, die Reaktion des Markes zu prüfen. Dazu muß das Mark in genügend großer Fläche durch einen fast oberflächenparallelen Schnitt entblößt werden.

Jeder wird dazu seine eigene Technik entwickeln. Man kann z. B. die Rasierklinge an den Schmalseiten zwischen Daumen und Zeigefinger „klemmen", sie durch leichten Druck der Finger in eine schwach konkave Form bringen und in sehr kleinem Winkel zur Flechtenoberfläche einschneiden. Diese Manipulation und die Beobachtung der Reaktion ist am einfachsten unter dem Binokular durchzuführen. Zu große Reagenztropfen verlaufen leicht auf eine große Fläche. Eine Differenzierung der Reaktion zwischen Flechtenrinde und Flechtenmark kann dann erschwert sein. Bei Laubflechten führt man den Schnitt zur Prüfung der Markreaktion am besten von der Lagerunterseite her aus, weil hier eine eventuelle Reaktion der Flechtenoberrinde vermieden werden kann oder weniger stört.

Für die Durchführung der Farbreaktionen trägt man das Reagenz z. B. mit einer Pipette, einem spitzen Glasstab oder mit der Spitze einer Stahlklinge eines Taschenmessers auf. Oft sind die Pipetten handelsüblicher Tropffläschchen zu grob und die an der Pipette haftenden Tropfen zu groß, so daß das Reagenz auf der Flechte auf unnötig großer Fläche auseinanderläuft. Dies stört insbesondere, wenn auf unterschiedliche Reaktion von Rinde und Mark geprüft werden soll. Besser ist es, einen Tropfen aus der Pipette auf die Ecke einer Rasierklinge oder auf ein Streichholz zu bringen, überflüssige Flüssigkeit abzustreifen und dann erst aufzutragen.

Zur Prüfung der Reaktion nimmt man ein Teilstück der Flechte, das später weggeworfen wird. Man vermeide die Prüfung am Originalstück, das herbarisiert werden soll. Zum einen kann es durch Auseinanderlaufen des Tropfens verdorben werden. Zum anderen ist eines der üblichen Reagenzien giftig und färbt leicht auf die Papierhülle ab. Ein Kontakt der Reagenzien mit der Haut und mit Materialien verschiedener Art sollte vermieden werden.

Vor allem para-Phenylendiamin ist sehr gesundheitsschädlich und verursacht darüber hinaus nicht mehr entfernbare Flecken auf Kleidern, Papier, Möbeln. Selbstverständlich ist auch ein Kontakt der Reagenzien mit den Augen gefährlich. Ist es dazu gekommen, sofort die Augenregion in fließendem Wasser spülen.

Folgende Reagenzien werden benötigt: 1. Kalilauge (Abkürzung: **K**), 2. Calcium- oder Natriumhypochlorit (Abkürzung: **C**), 3. para-Phenylendiamin (Abkürzung: **P**). Die Reagenzien halten bei Unterbringung in braunen Fläschchen und unter Lichtabschluß länger.

Kalilauge: 2–4 g Kaliumhydroxid werden in 20 ml Wasser gelöst. Die Lösung ist unbegrenzt haltbar. Eine Fehlbeurteilung ist manchmal möglich, da K die Rinde durchscheinend macht und dadurch die darunterliegende Algenschicht eine Gelbfärbung vortäuscht (Abhilfe s. unten → weißes Saugpapier).

Calciumhypochlorit- oder Natriumhypochlorit-Lösung: Calciumhypochlorit-Lösung erhält man durch Auflösung von Chlorkalk in Wasser bis zur Sättigung. Da die Lösung höchstens einen Tag haltbar ist und zudem durch das ausgefallene Chlorkalk störende weißliche Flecken verursachen kann, greift man besser zu Natriumhypochlorit-Lösung. Sie muß aber auch von Zeit zu Zeit, am besten alle zwei Monate, erneuert werden. Gleiche Wirkung haben auch chlorhaltige Reinigungsmittel für den Haushalt (z. B. Klorix), die aber auch nur begrenzt haltbar sind. Die C-Reaktion ist oft sehr flüchtig, daher muß man sie sofort beobachten. Um die Reaktion sicher zu erzeugen, bedarf es eines intensiven Kontaktes der C-Lösung mit der Flechte. Klarheit über die Funktionsfähigkeit von C schafft ein Test mit einer Testflechte (z.B. *Hypocenomyce scalaris*). Bei der mitunter erforderlichen KC-Reaktion wird erst Kalilauge, dann auf die gleiche Stelle C gebracht. In der Regel wird dadurch eine C-Reaktion verstärkt und deutlicher; die KC-Reaktion ist aber nicht immer identisch mit der C-Reaktion.

para-Phenylendiamin-Lösung: Das Reagenz ist giftig und hinterläßt Flecken auf Kleidung etc. (s. oben). In den Artbeschreibungen ist die Reaktion mit P der Vollständigkeit halber angegeben. Vermeiden Sie aber grundsätzlich die Reaktion mit P, wenn sie zur Bestimmung nicht unerläßlich ist. Das Reagenz wird (nach STEINER) folgendermaßen hergestellt: 1 g para-Phenylendiamin, 10 g Natriumsulfit und 1 ml eines Spülmittels in 100 ml Wasser. In dieser Form ist es mehrere Monate haltbar.

Eine Alternative zum para-Phenylendiamin bietet der Farbentwickler 1 (Color Developper 1) der Firma Merck; er wird zum Entwickeln von Farbfilmen in den Filmentwicklungsanstalten eingesetzt. Das Rezept lautet:

10 g Natriumsulfit, siccum (Na_2SO_3), in 100 ml aqua dest. vollständig lösen, + 3 g N^4, N^4-Diethyl-1,4-phenylendiaminsulfat (Farbentwickler), bis zur völligen Lösung schütteln + 1 ml eines Spülmittels. Die Lösung ist mehrere Monate haltbar. Vergleiche zwischen herkömmlichem und alternativem P mit allen VDI-Flechten ergaben gleichartige Ergebnisse. Die Reaktionen beim Farbentwickler traten lediglich etwas später ein und die Färbung war in der Mehrzahl der Fälle blasser (orange statt rot).

Bei dunklen Flechtenproben (z.B. Bryorien) wird die Farbreaktion getestet, indem man auf einen Objektträger ein Stück weißes Saugpapier legt und darauf die Flechtenprobe plaziert. Nun werden wenige Tropfen P daraufgetropft: Das Reagenz diffundiert in das weiße Papier, so daß seine Färbung besser zu erkennen ist als auf der dunklen Flechte. Auch wenn die Flechte die gleiche Farbe hat wie die zu erwartende Farbe der Reaktion oder bei sehr schwacher Färbung (z.B. K+ gelblich), sollte so verfahren werden (Farbe wird nach Trocknen des Papiers oft deutlicher).

Bei der Probe mit KC ist bei gelblichen Arten folgendermaßen zu verfahren: Ein Flechtenstück auf einen Objektträger legen, und wenig K darüber tropfen. Nach einiger Zeit das K mit weißem Saugpapier aufnehmen. Anschließend auf das Papier einen Tropfen C geben und Farbbildung beobachten.

6 Begriffserklärungen

Apothecien: Fruchtkörper der Flechtenpilze, bei denen die sporenerzeugenden Bereiche (Hymenium) gewöhnlich offen liegen, meist scheibenförmig-rundlich, aber auch länglich bis verzweigt und fast sternartig, auch gestielt, mit deutlichem Rand oder unberandet.

areoliert: Das Lager ist durch Risse in kleine Felder von ± unregelmäßiger Gestalt aufgeteilt (v. a. bei Krustenflechten).

Asci: siehe Schläuche.

berindet: (Lager/Apothecium) durch eine anatomisch deutlich differenzierte Schicht (Rinde) begrenzt; sorediöse Teile sind unberindet.

Bortensoral: Soral, das bortenartig den Lappenrand säumt.

C+/C−: positive/negative Reaktion mit Chlorkalklösung oder Natriumhypochlorit.

dachziegelig: Lagerschüppchen oder -blättchen einander dachziegelartig überlappend.

Eigenrand: Apothecienrand, der sehr ähnlich wie die Apothecienscheibe und meist anders als das Lager gefärbt ist, enthält keine Algen.

Epihymenium: Oberster, gewöhnlich gefärbter Bereich des Hymeniums.

Excipulum: Die vom Lager deutlich zu unterscheidende sterile Hülle des Hymeniums, oft als Rand des Apotheciums zu erkennen.

Flecksoral: Rundlich bis fleckenförmig unregelmäßig begrenztes Soral auf der Lageroberfläche.

Helmsoral: Soral unter einer helm- oder kuppelartigen Aufwölbung von Lappen.

Hymenium: Sporenerzeugender Teil in den Fruchtkörpern, im wesentlichen aus fädigen Paraphysen und Schläuchen bestehend, im Schnitt durch den Fruchtkörper an der ± parallelen Anordnung der vertikal ausgerichteten Paraphysen zu erkennen, im obersten Teil gewöhnlich gefärbt; die Oberseite ist bei Apothecien als Scheibe zu erkennen.

Hypothecium: Bereich unter dem Hymenium, von gleicher oder anderer Farbe wie dieses.

Isidien: Stiftförmige bis korallenartig verzweigte oder halbkugelige bis fast kugelige, leicht abbrechende Auswüchse aus dem Flechtenlager, bestehen aus Rinde und Algenschicht, dienen der vegetativen Fortpflanzung.

K+/K−: Positive/negative Reaktion mit Kalilauge.

KC+/KC−: Reaktion nach Anwendung von Kalilauge und anschließender Zugabe von Natriumhypochlorit- oder Chlorkalk-Lösung.

kopfig: Halbkugelig bis fast kugelige Ausbildung eines Sorals.

Lager: Vegetationskörper der Flechte.

Lagerrand: Apothecienrand von der Farbe des Lagers, enthält Algen.

Lappen: ± flächige, oft langgestreckte Lagerabschnitte der Laub- und vieler Strauchflechten.

leprös: mehlig aufgelöst (bei Lagern von Krustenflechten).

Lippensoral: Soral an der lippenförmig aufgebogenen Unterseite von Lagerlappen.

Mark: Ausschließlich von Pilzhyphen gebildete, im Anschnitt gewöhnlich weiß erscheinende Schicht des Flechtenlagers, liegt unterhalb der Algenschicht; bei Krustenflechten ist das Mark mit dem Substrat verwachsen, bei Laubflechten ist es meist nach unten von einer Unterrinde begrenzt.

Paraphysen: Sterile Schläuche im Hymenium eines Fruchtkörpers.
P+/P−: Positive/negative Reaktion mit para-Phenylendiamin.
Perithecien: Kugelige bis birnenförmige (aber oft ± stark eingesenkte) Fruchtkörper, die sich nur durch eine Pore öffnen; das Hymenium ist völlig von der Fruchtkörperwand eingeschlossen.
Podetien: Die meist ± vertikal orientierten, stift-, horn-, trompeten-, strauchähnlichen, fruchtkörpertragenden Teile der *Cladonia*-Arten (Becher- und Rentierflechten).
Pol +(−): Bei Betrachtung mikroskopischer Schnitte im polarisierten Licht können Teile aufleuchten (Pol+) oder nicht (Pol−). Dabei handelt es sich in der Regel um kristallhaltige Bereiche im Apothecienrand oder -mark und im Ephihymenium. Die Kristalle können bei Zugabe von K verschwinden oder bleiben (spielt bei der Bestimmung mancher Lecanoren eine Rolle).
Pseudocyphellen: Auf der Oberfläche von Flechten erkennbare, weißliche, punkt- bis strichförmige oder vernetzte Durchbrechungen der Rinde, dienen dem Gasaustausch („Atemporen"); an diesen Stellen entstehen zuweilen Sorale.
R−: Keine chemischen Reaktionen mit den Farbtests vorhanden.
Rhizinen (Haftfasern): Längliche, einfache bis verzweigte, der Festheftung dienende Organe an der Unterseite von Laubflechten.
Rinde: Relativ dichtes Geflecht aus Pilzhyphen, das das Flechtenlager nach außen begrenzt und schützt. Berindete Teile wirken äußerlich glatt und glänzen oft etwas, unberindete Teile sind meist rauh.
Scheibe: Oberfläche von Fruchtkörpern (Apothecien), oft von einem Rand umgeben.
Schläuche (Asci): Zylindrische, keulige oder bauchige Gebilde im Hymenium, die die Sporen beherbergen.
Sorale: Verschieden geformte, meist weißliche Aufbrüche der Ober- oder Unterrinde, die aus einer Ansammlung von Soredien bestehen; sie dienen der vegetativen Fortpflanzung.
Soredien: Feine, mehr oder weniger kugelige, der vegetativen Fortpflanzung dienende Gebilde aus Algen und diese umhüllenden Pilzhyphen, meist zwischen 25 und 100 µm dick, werden im Bereich der Algenschicht angelegt und lösen sich von der Flechtenoberfläche, meist in Soralen vereinigt.
sorediös: Mit Soredien versehen.
Sporen: Sexuelle Fortpflanzungskörper von verschiedener Form, Farbe und Septierung, entstehen meist zu 8 in den Schläuchen.
Thallus: siehe Lager.
Vorlager: Farblich meist abweichende, oft dunkle begrenzende Linie an der Peripherie der Lager von Krustenflechten.
warzig: Lager aus gewölbten Felderchen oder mit buckeliger Oberfläche.
Wimpern: Borstenartige Gebilde, die am Rand oder im randnahen Bereich der Lappenunterseite entstehen und seitlich hervorragen, ähnlich wie Rhizinen gestaltet.

7 Die Bestimmungsschlüssel

Die Bestimmungsschlüssel sind relativ kurz gehalten, weil alle wichtigeren Arten ausführlich im Bildteil beschrieben sind. Dort finden sich auch Hinweise auf Verwechslungsmöglichkeiten. Beim Bestimmungsgang muß man sich stets zwischen zwei Möglichkeiten (Alternativen) entscheiden. Die Alternativen führen entweder direkt zur Art oder verweisen auf eine Zahl, unter der weitere Alternativen aufgeführt sind.

Ist die Entscheidung für eine der beiden Alternativen nicht eindeutig möglich, so sind beide Wege so lange zu verfolgen, bis einer davon auszuschließen ist. Schwierigkeiten beim Bestimmungsgang treten erfahrungsgemäß z. B. bei den Farbangaben auf; hier helfen „zur Eichung“ die Farbbilder weiter. Die Farbangaben beziehen sich auf trockene Flechten.

Die Bestimmung erfolgt in vier Hauptschlüsseln, getrennt nach den Wuchsform-Typen Krusten-, Laub- und Strauchflechten sowie Arten mit schuppigem Lager.

Woran erkennt man Strauchflechten?
Die Lager der Strauchflechten sind meist nur an einer Stelle festgewachsen und stehen ansonsten mehr oder weniger stark vom Substrat ab oder liegen ihm locker auf. Die Lagerabschnitte sind relativ schmal und lang. Das Längenwachstum ist gegenüber dem Flächenwachstum gefördert.

Woran erkennt man Laubflechten?
Laubflechten sind mehr oder weniger in Lappen gegliederte, im wesentlichen flächig wachsende Flechten mit deutlich erkennbarer, vorgebildeter Unterseite. Sie sind an zahlreichen Stellen, oft mittels besonderer Haftorgange, mit dem Substrat verbunden. Sie können als ganze Pflanzen losgelöst werden.

Woran erkennt man Krustenflechten?
Krustenflechten sind flächig mit dem Substrat verwachsen und schmiegen sich der Unterlage daher völlig an. Sie sind höchstens am Rand angedeutet in Lappen gegliedert, haben keine vorgebildete, abgegrenzte Unterseite, daher auch keine speziellen Haftorgane. Sie sind nicht als ganze Pflanzen ablösbar.

Gibt es Probleme bei der Unterscheidung dieser Gruppen?
Die Gliederung der Flechten in Krusten-, Laub- und Strauchflechten ist ein Hilfsmittel, die vorkommenden Wuchsformen der Flechten zu ordnen. Wie oft in der Natur kann eine solche grobe Gliederung der existierenden Vielfalt nur sehr unvollkommen gerecht werden. Es kommen Übergänge vor. In solchen kritischen Fällen haben wir die Arten in beiden in Frage kommenden Wuchsformgruppen geschlüsselt. Eine gewisse Zwischenstellung zwischen Krusten- und Laubflechten nehmen Flechten mit kleinschuppigem Lager ein.

Ermittlung der Hauptschlüssel

1 Lager mit der gesamten Unterseite flächig mit dem Substrat verwachsen, ohne spezielle Haftorgane, nicht unverletzt ablösbar . Schlüssel I: **Krustenflechten**
1* Lager nicht mit der gesamten Unterseite flächig mit dem Substrat verwachsen, oft mir Haftorganen, gewöhnlich mit dem Messer ablösbar 2
2 Das Lager besteht aus kleinen, zumindest randlich vom Substrat etwas abgehobenen Schüppchen mit vorgebildeter Unterseite . . . . Schlüssel IV: **Arten mit schuppigem Lager**
2* Nicht aus kleinen Schüppchen 3
3 Lager blättrig-lappig . . . . Schlüssel II: **Laubflechten**
3* Lager strauchig . . . . Schlüssel III: **Strauchflechten**

Bestimmung der Arten

Die im Bildteil aufgenommenen Flechten (meist VDI-Arten) sind fett gedruckt.

Schlüssel I: Krustenflechten

1 Lager mit Fruchtkörpern. Fruchtkörper scheibenförmig bis länglich oder ± halbkugelig bis knollig vorstehend oder stecknadelartig 2
1* Lager ohne Fruchtkörper 43
2 Fruchtkörper gestielt, an kurze Stecknadeln erinnernd. Köpfchen oberseits mit schwarzer oder brauner, gelegentlich gelbgrünlich bereifter pulveriger Sporenmasse 3
2* Fruchtkörper sitzend bis ± eingesenkt 12
3 Köpfchen oberseits (Sporenmasse) schwarz, selten auch leicht gelbgrünlich bereift. Sporen zweizellig, braun 4
3* Köpfchen oberseits (Sporenmasse) braun, unbereift oder gelbgrünlich bereift. Sporen einzellig, farblos bis blaß bräunlich, kugelig 7
4 Köpfchen am Rand und unterseits braun 5
4* Köpfchen am Rand und unterseits grüngelblich oder schwärzlich, selten am Rand weißlich 6
5 Lager undeutlich, selten warzig, dünn, grau . . . . *Calcium salicinum*
5* Lager deutlich entwickelt, körnig bis schorfig oder warzig areoliert, grün . . . . *Calicium viride*
6 Köpfchen am Rand und unterseits grüngelblich. Lager deutlich, warzig bis fast schollig oder körnig, grau. Stiel kräftig, oft kurz, Fruchtkörper derb, 2–5 × so hoch wie Stiel dick. Fast ausschließlich an alten Eichen . *Calicium adspersum*
6* Köpfchen gänzlich schwarz oder mit dünnem weißlichem Randsaum. Lager im Substrat, äußerlich kaum wahrnehmbar. Fruchtkörper in der Regel deutlich gestielt, 4–8 × so hoch wie Stiel dick . . . . *Calicium glaucellum*
7 Lager gelb, zitrongelb, grüngelb, Köpfchen unterseits und im oberen Teil des Stiels gelblich bis gelbgrün bereift 8
7* Lager nicht deutlich gelb bis grüngelb, sondern grau, grünlichgrau, grünlichbraun oder (stellenweise) ocker bis rostfarben. Köpfchen unbereift oder randlich (bis unterseits) weißlich oder gelbgrünlich 9

8 Lager durchgehend fein pulverig-mehlig. Köpfchen ± kugelig, ohne deutlichen Rand um die Sporenmasse. Fruchtkörper sehr schlank, oft über 1,4 mm hoch. Stiel oft gänzlich bereift. Sporenmasse anfangs oft gelbgrünlich bereift, später braun . . . . *Chaenotheca furfuracea*

8* Lager körnig bis areoliert. Köpfchen ± kreisel-, bis eiförmig, mit deutlichem Rand um die Sporenmasse. Fruchtkörper derber, selten über 1,2 mm hoch. Stiel im unteren Teil nicht, oben dicht gelb bereift. Sporenmasse in der Regel unbereift, braun . . . . *Chaenotheca chrysocephala*

9 Köpfchen unterseits und am Rand h.gelb bis grüngelb bereift. Lager meistens dick warzig bis fast schuppig, selten körnig, grau, gelbstichig grau, graubräunlich, oliv . . . . *Chaenotheca phaeocephala*

9* Köpfchen ohne gelblichen bis grüngelblichen Reif 10

10 Lager stellenweise oder ganz ocker, orange bis rostfarben und hier K+ tiefrot, sonst hellgrau bis grauweiß und K−, körnig bis körnig-warzig. Köpfchen ± kreiselförmig, schwarz . . . . *Chaenotheca ferruginea*

10* Lager hellgrau bis grünlichgrau. Bei reduzierter Entwicklung mitunter schwer zu bestimmende Arten 11

11 Lager körnig bis körnig-warzig, hellgrau, matt. Fruchtkörper relativ derb, bei normaler Entwicklung 7–15 × so lang wie der Stiel dick, unbereift, schwarz, matt bis etwas glänzend. Sporenmasse (Quetschpräparat) K± rot. Algen in Aufsicht rund. In belasteten Gebieten relativ häufig, oft auch auf Nadelbäumen . . . . *Chaenotheca ferruginea*

11* Lager kleinschuppig bis körnig, leicht grünstichig grau bis hellgrau. Schuppen bei guter Entwicklung mit glatter Oberfläche. Fruchtkörper rel. schlank, bei normaler Entwicklung 12–20 × so lang wie Stiel dick, mitunter Stiel im oberen Teil und Köpfchenrand schwach weißlich bereift, sonst schwarz, selten dunkelbraun. Sporenmasse nicht K+ rot. Algen in Aufsicht oval. In belasteten Gebieten selten, fast nie an Nadelbäumen . . . . *Chaenotheca trichialis*

12 Fruchtkörper in ± stark gewölbte bis knollig vortretende Lagerwarzen eingeschlossen, nur mit punktueller, schwarzbrauner bis schwarzer Öffnung, keine weit geöffnete Scheibe sichtbar. Lager zusammenhängend und glatt bis rissig 13

12* Fruchtkörper (Apothecien) anders, nicht in Lagerwarzen eingeschlossen, deutlich vom Lager abgesetzt, scheibenförmig, napfförmig oder ± halbkugelig, auch länglich-strichförmig, verzweigt bis sternförmig oder unregelmäßig fleckenförmig. Hymenium freiliegend 15

13 Lager oliv bis braun, glatt, oft leicht glänzend, mitunter mit weißlichen Punkten, mit mäßig bis ziemlich gewölbten, bis 0,8 mm breiten Fruchtkörperwarzen. Sporen braun, vierzellig. Lager/Mark stets P−, bei guter Entwicklung K± orangerot. Nur an glattrindigen Bäumen (Buche, Hainbuche) . . . *Pyrenula nitida*

13* Lager hellgrau, grünlichgrau, blaß grünlich, glatt bis runzelig, ohne weißliche Punkte. Fruchtkörperwarzen bis 1,5 (2,5) mm. Lager/Mark (nur) bei guter Entwicklung P+ ocker, dann rötlich, K± gelb. Sporen farblos, einzellig, dickwandig 14

14 Fruchtkörperwarzen mit meist 1(–2) punktförmigen „Öffnungen", mäßig gewölbt bis gelegentlich halbkugelig, gewöhnlich nicht gedrängt stehend. Lager teilweise „unterrindig" (d.h. in der Baumrinde) bis deutlich oberrindig, aber meist dünn, glatt, ungegliedert bis stellenweise etwas rissig, grau, grünlichgrau, gelblichgrau, grauweiß. Sporen zu 4, selten 6 . . . . *Pertusaria leioplaca*

14* Fruchtkörperwarzen knollig vorstehend, unten nicht verbreitert, mit steilen

Flanken, oft sehr dicht stehend, oft oben abgeplattet, bis 1,5 (2,5) mm breit, mit meist mehreren (bis über 10) Öffnungen. Lager oberrindig, deutlich entwickelt, grau bis grüngrau. Sporen zu 2 . . . . **Pertusaria pertusa**

15 Apothecien gelb, gelborange 16

15* Apothecien nicht gelb 19

16 Apothecien orangegelb bis braunorange, K+ tiefrot. Apothecienrand gelb bis gelborange. Lager meist undeutlich, nicht gelb. Sporen zweizellig, Scheidewand sehr dick, mit einer zentralen Öffnung . . . . *Caloplaca holocarpa* (wenn Lager körnig-korallinisch, grau, gelblichgrau, Ap. orange, orangerot: *Caloplaca herbidella*)

16* Apothecien hellgelb, gelb, graugelb, schmutzig gelb, K−. Lager und Lagerrand gelb, braungelb, grüngelb. Sporen ein-, selten zweizellig, dann mit sehr dünner Scheidewand (Septum) 17

17 Sporen zu 8 in den Schläuchen, einzellig. Lager gelb, grünlichgelb, meist körnig, seltener undeutlich, Apothecienscheibe gelb, hellgelb, schmutzig gelb. Fast nur in Kalkgebieten bei Anflug basenreicher Stäube . . . . . *Candelariella aurella*

17* Sporen zu (12–)16–32 in den Schläuchen, Lager deutlich entwickelt 18

18 Lager grobkörnig oder aus zerstreuten bis zusammenschließenden, verflachten Areolen. Körner/Areolen in der Regel mindestens 0,5 mm dick, gelb, braungelb. Apothecienscheibe gelb, graugelb, schmutzig gelb. Sporen einzellig, selten angedeutet zweizellig. Selten auf staubimprägnierte Rinde übergehender Silikatbewohner . . . . *Candelariella vitellina*

18* Lager feinkörnig. Körnchen gewöhnlich zahlreich und ziemlich dicht stehend, aber auch dann nicht selten einander kaum berührend, meist nur 0,1 mm dick, gelb bis leicht orangegelb, eine einförmige Kruste bildend. Apothecienscheibe gelb bis orangegelb. Häufig auf Rinde . . . . . . **Candelariella xanthostigma**

19 Apothecien ohne Lagerrand, d.h. wenn Rand vorhanden, dann nicht von der Farbe des Lagers; ohne Algen im Rand (Mikroskop!) 20

19* Apothecien mit äußerlich deutlich erkennbarem Lagerrand, d.h. Rand lagerfarben (mikroskop. mit Algen im Rand, beim Längsschnitt oft schon unter dem Binokular als grünlicher Bereich erkennbar) 31

20 Fruchtkörper nicht rundlich, sondern unregelmäßig fleckenförmig oder sternartig verzweigt oder länglich-strichförmig, eingesenkt bis angedrückt sitzend, schwarz (selten bereift) 21

20* Fruchtkörper ± rundlich (höchstens durch gegenseitige Berührung abgeplattet), scheibenförmig, flach bis halbkugelig gewölbt, selten konkav, gewöhnlich aufsitzend, hell bis schwarz 23

21 Fruchtkörper langgestreckt und schmal, gerade bis verbogen, unverzweigt bis verzweigt, mit enger ritzenförmiger „Scheibe", mitunter bereift. Sporen mit 5–15 Scheidewänden . . . . *Graphis scripta*

21* Fruchtkörper unregelmäßig fleckenförmig bis sternförmig verzweigt, selten elliptisch. Sporen mit 3 Scheidewänden 22

22 Apothecien vollkommen eingesenkt, unberandet, unregelmäßig rundlich-fleckenförmig bis angedeutet sternförmig verzweigt, bis 0.8 mm, z.T. auch länglich, dann bis 1,2 × 0,2 mm, flach bis schwach gewölbt. Lager glatt, sehr dünn, im wesentlichen in der Rinde, weißlich, grau, oliv. Sporen 4,5–6 µm dick . . . . *Arthonia radiata*

22* Apothecien ± sitzend, mit erhabenen Rändern und ritzenförmiger Scheibe, kurz strichförmig, einfach bis verzweigt bis sternartig, nicht rundlich-fleckförmig, bis 1,5 × 0,3 mm. Lager dünn, auch teilweise in der Rinde, weißlich, cremefarben, selten helloliv oder blaß grünlich. Sporen 2,5–4(5) µm dick . . . . *Opegrapha atra*

23 Apothecien von Anfang an gewölbt und randlos 24

23* Apothecien zumindest anfangs ± flach oder konkav, lange berandet . . . 27

24 Apothecien hellbraun, rosabraun, gelbbraun, ocker, beige, gelblich, mäßig bis stärker gewölbt, bis 0,8 mm. Lager gelblichgrün bis blaß graugrün, selten weißlich. Epihymenium farblos bis gelbbraun oder oliv, oben mit gelbbraunen Körnchen, die sich in K auflösen. Sporen einzellig, ellipsoid . *Lecanora symmicta*

24* Apothecien dunkelbraun, dunkelrotbraun bis fast schwarz. Sporen einzellig und kugelig oder vier- bis achtzellig, spindelig-länglich (wenn Apothecien schwarz, Sporen zweizellig und braun: **Buellia punctata**) 25

25 Lager tiefgrün bis graugrün, feinkörnig. Sporen spindelig, 8zellig, zu 8 in den Schläuchen. Apothecien bis 0,4 mm . . . . . . *Scoliciosporum chlorococcum*

25* Lager ± graubraun, körnig bis warzig-kleinschollig oder undeutlich. Sporen kugelig, einzellig, zu sehr vielen in den Schläuchen . . . . *Strangospora pinicola-Gruppe* 26

26 Hymenium oben gelb- bis rotbraun. Apothecien dunkelrotbraun bis schwarzbraun. Lager undeutlich bis körnig oder warzig-kleinschollig . . . . *Strangospora pinicola*

26* Hymenium oben olivgrün, smaragd bis violett. Apothecien schwarz bis braunschwarz. Lager undeutlich bis körnig . . . . *Strangospora moriformis*

27 Lager braun, dunkelbraun, rotbraun, braunschwarz, aus feinen überwiegend länglichen bis verzweigten, teilweise auch rundlichen Körnchen, angeschabt oft C+ rosarot. Apothecien rotbraun bis fast schwarz, meist mit deutlichem erhabenem, mitunter hellerem Rand . . . . *Placynthiella (= Saccomorpha) icmalea*

27* Lager anders gefärbt 28

28 Fruchtkörper braunschwarz bis schwarz 29

28* Fruchtkörper wesentlich heller 30

29 Fruchtkörper 0,3–0,6 mm breit, matt, schwarz, selten braunschwarz, flach bis gewölbt, Rand dünn bis bald fehlend. Sporen braun, zweizellig. Lager grau, dunkelgrau, grünlichgrau, selten bräunlichgrau, undeutlich bis warzig, R− . . . . **Buellia punctata**

29* Fruchtkörper 0,4–1 mm breit, matt bis schwach glänzend, flach bis gewölbt, schwarz bis braunschwarz. Sporen farblos, einzellig. Lager gelblichgrau bis grüngelblich oder (vor allem im Schatten) grau, grünlichgrau, zusammenhängend bis rissig, meist mit ziemlich glatter Oberfläche, seltener körnig, K− bis K+ gelblich, C− bis C+ orange . . . . **Lecidella elaeochroma**

30 Fruchtkörper weißlich bis gelblich (nach längerer Herbaraufbewahrung rosagelb), bis 0,4 mm, mit vertiefter Scheibe und deutlich vorstehendem Rand. Lager firnisartig dünn, grau bis olivgrün. Sporen zweizellig, spindelig bis länglich . . . . *Dimerella pineti*

30* Fruchtkörper hellrotbraun, rosabraun, im Alter auch dunkler braunrot, 0,6–1 mm, flach und deutlich erhaben berandet, später mitunter auch gewölbt und Rand zurücktretend. Lager auffallend körnig-isidiös bis korallinisch, d.h. aus rundlichen bis meist verlängerten, z.T. verzweigten Körnchen zusammengesetzt, blaß graugrünlich, blaß grünlich. Sporen vielzellig, sehr lang und schmal, nadelförmig . . . . *Bacidia rubella*

31 Fruchtkörper hellbraun, ocker, ± dicht weißlich bereift, C+ orangegelb bis

tiefgelb, -1,2 (1,5) mm, aufsitzend, zerstreut bis meistens dicht gedrängt. Lagerrand der Fruchtkörper deutlich, gewöhnlich bleibend, ungekerbt. Lager weißlich bis hellgrau, K+ gelb, zusammenhängend bis angedeutet rissig, glatt bis runzelig . . . . **Lecanora carpinea**

31* Fruchtkörper nicht C+ gelb bis orange 32

32 Lager und Lagerrand der Fruchtkörper P+ orange bis rot 33

32* Lager und Lagerrand der Fruchtkörper P− oder P+ gelb 35

33 Lager graugrün, blaß grünlich, gelbstichig grünlich, meist körnig und oft stellenweise sorediös, P+ gelb, dann rot. Fruchtkörperscheibe grünlich, grüngrau, bräunlich, rosabraun, auch schmutzig verfärbt, flach, mit erhabenem, oft körnigem bis gekerbtem, auch sorediösem Rand . . . . . . **Lecanora conizaeoides**

33* Lager weißlich, gelbstichig weißlich bis hellgrau, glatt bis runzelig oder warzig, nicht körnig, nicht sorediös, P+ tiefgelb, orange bis rot. Fruchtkörperscheibe braun, rotbraun, dunkelbraun bis (fast) schwarz 34

34 Rand des Fruchtkörpers P+ tiefgelb bis orange, auffallend dick und niedergedrückt, fast gleich hoch wie die Scheibe oder erhaben, nicht selten besonders zur Scheibe hin wellig, nicht deutlich berindet (Schnitt). Fruchtkörper 0,8–2 mm breit, oft nicht regelmäßig rundlich. Scheibe meist mittelbraun bis orangebraun, seltener rotbraun bis dunkelbraun, jung bereift. Gewöhnlich in humiden Lagen, meist im Bergland . . . . *Lecanora intumescens*

34* Rand des Fruchtkörpers P+ orangerot bis rostrot, nicht auffallend dick, gewöhnlich nicht wellig verbogen, im Schnitt mit deutlich abgesetzter Rinde. Fruchtkörper 0,4–1 mm breit. Scheibe rotbraun bis schwarz, nicht bereift. Verbreitet . . . . **Lecanora pulicaris**

35 Apothecien bald gewölbt, von Anfang an unauffällig berandet oder rasch randlos, beige bis rosa, rosabraun, hellbraun, ocker, gelblich grünlich, bläulichgrün. Lager körnig bis areoliert, weißlich bis gelbgrünlich oder graugrünlich, manchmal mehlig, C+ orange bis C− . . . . *Lecanora symmicta*

35* Apothecien ziemlich lange flach, anfangs oder bleibend deutlich berandet. Lager C− oder C+ leicht gelblich 36

36 Lager oder, wenn Lager undeutlich, zumindest Lagerrand der Apothecien mit gelbgrünlichem, gelblichem oder grünlichem Ton 37

36* Lager bzw. Lagerrand der Apothecien weiß bis grau 38

37 Lager undeutlich bis körnig, blaß gelblich, gelblichgrau, blaß grünlichgelb (bis grau), P−. Fruchtkörper meist 0,4–0,7 mm breit, hellrotbraun bis fast dunkelrot, jung auch sehr hell. Rand dünn, meist lange bleibend, ganz oder gekerbt, P−. Häufig . . . . **Lecanora saligna**

37* Lager körnig bis kräftig entwickelt und areoliert, grüngelb, seltener graugrün, P+ deutlich gelb, oft schwach glänzend. Fruchtkörper meist 0,6–1,2 mm, braun, gelbbraun, rosabraun, gelbgrünlich, grünlichbraun, Rand deutlich bis mäßig erhaben, glatt bis seltener gekerbt, oft wellig, P+ gelb. Selten, fast nur in wenig belasteten Gebieten auf sauren Rinden . . . . *Lecanora varia*

38 Lager/Lagerrand K−. Apothecien klein, 0,3–0,7 mm 39

38* Lager/Lagerrand K+ gelb. Apothecien oft größer werdend . . . . **Lecanora subfusca-Gruppe**

Die innerhalb dieser Gruppe unterschiedenen Arten sind für den Anfänger schwer bestimmbar. Ein Mikroskop ist für die Bestimmung unerläßlich, wenngleich der erfahrene Flechtenkundler die Arten mit einiger Sicherheit auch im Gelände ansprechen kann. Zur weiteren Bestimmung 40

39 Apothecien meist rötlichbraun bis dunkelbraun, graubraun, oft weißlich bereift, mit verengter Basis sitzend, zahlreich, aber selten gruppiert, 0,3–0,6(0,8) mm, flach bis konkav, Rand deutlich, weißlich bereift, bleibend, oft körnig bis gekerbt. Lager weißlich bis grau, seltener braungrau, oft undeutlich. Epihymenium bräunlich, ohne Kriställchen im Epihymenium (Pol). Sporen 7,5–12 (15) × 4,5–6 µm . . . . **Lecanora hagenii**
(zur *L. hagenii*-Gruppe gehören *L. sambuci* und *L. persimilis*, deren rotbraune bis braune Apothecien gewöhnlich unbereift bleiben und in der Jugend relativ dicke, später dünnere, braune, mitunter bereifte Ränder besitzen; Sporen bei *L. sambuci* teilweise zu 12–16 anstelle von 8 in den Schläuchen; bei *L. persimilis* Sporen zu 8. Die Abgrenzung von *L. hagenii* zu *L. dispersa*, einer sehr selten auf staubimprägnierte Rinde übergehenden Kalkflechte mit größeren Apothecien ist noch nicht genügend studiert)

39* Apothecien hell bis intensiv rotbraun, nur selten bereift, sitzend, 0,4–0.7(0,8) mm, stets zahlreich, flach bis schwach gewölbt, Rand deutlich, ganz oder etwas gekerbt, im Alter ausdünnend, gewöhnlich bei den meisten Apothecien mit gelblichem Ton. Epihymenium rotbraun, braun, von einer Schicht feiner, in K löslichen Kriställchen bedeckt. Sporen 7–10 × 4–6 µm . . . . **Lecanora saligna**

40 Hymenium oben mit aufgelagerten braunen Körnchen (gut sichtbar im Pol-Mikroskop), die sich in K auflösen, oft kaum gefärbt. Mark der Apothecienränder und unter dem Hypothecium mit großen, unregelmäßigen, in K unlöslichen Kristallen. *L. chlarotera* s.l. 41

40* Hymenium ohne körnige Auflage, oben gewöhnlich rotbraun, in K unverändert. Apothecien meist rotbraun. Lager weißlich (bis leicht gelbweißlich), oft mit schwarzem Vorlager 42

41 Apothecien 0,7–1,3(2) mm, rötlichorange, orangebraun, gelbbraun, mitunter leicht bereift, mit stärker verengter Basis sitzend, mit kräftigem, warzigem und oft welligem Rand. Lager zusammenhängend oder zerstreut, warzig, körnig oder aus zerstreuten Areolen, gelblichweiß, weiß bis grau. Sporen (10)12–17(18) × 7–9,5(11) µm . . . . *Lecanora rugosella*

41* Apothecien 0,5–1,0(1,5) mm, blaß braun, braunorange, rotbraun, gewöhnlich nicht bereift, oft auch mißfarben durch Parasitenbefall, mit meist dickem, bleibendem, ± gekerbtem oder leicht warzigem Rand, relativ breit sitzend, oft dicht gedrängt. Lager meist hellgrau bis gelblichgrau, zusammenhängend, deutlich begrenzt. Sporen (9)11–13(15) × 6–7,5 µm . . . . **Lecanora chlarotera**

42 Apothecien mit dickem, erhabenem, nach innen über die Scheibe eingebogenem, meist deutlich und unregelmäßig gekerbtem, oft wellig verbogenem Rand, mit stark verengter Basis, (0,6)0,9–2(3) mm. Rinde nicht deutlich vom Apothecienmark abgegrenzt, seitlich 30–40 µm dick, basal 50–75(90) µm dick, stark verquollen. Mark der Apothecienränder und unter dem Hypothecium von einer Masse kleiner und kleinster Kristalle erfüllt, dadurch grau, ohne große Kristallkomplexe. Scheibe dunkelrotbraun, dunkelrotorange, flach. Epihymenium farblos oder rotbraun. Lager mäßig bis ziemlich dick, weißlich, glatt bis uneben. Sporen (10)13–19(21) × (6)7–10(11) µm . . . . **Lecanora allophana**

42* Apothecienrand gewöhnlich nicht nach innen über die Scheibe gebogen, meist nicht wellig verbogen, meist nicht stark vortretend, nicht oder nur unregelmäßig gekerbt. Apothecien rel. wenig verengt aufsitzend, –0,9(–1,5) mm. Rinde deutlich vom Mark abgesetzt, nicht stark verquollen. Mark der Apothecienränder und unter dem Hypothecium mit großen, unregelmäßigen Kristallen. Lager am

Rand rel. glatt, gegen die Mitte uneben. Sporen (10,5)11,5–14,5(17,5) × (5,5)6,5–8,5 µm, Wand 0,6–0,8 µm dick . . . . **Lecanora argentata**
(Zur *L. argentata*-Gruppe zählt auch die der *L. rugosella* sehr ähnliche *L. subrugosa*, die aber kaum an freistehenden Bäumen vorkommt: Apothecienrand meist stark vortretend, bald stark und regelmäßig gekerbt, weißlich. Apothecien 0,8–1,5(2) mm, sehr zahlreich, mit stark verengter Basis sitzend. Lager meist rel. körnig bis grob warzig. Sporen (10)11–16(18) × (6)7–8,5(10) µm)

43 Lager gelb, zitrongelb, grüngelb 44

43* Lager anders gefärbt 51

44 Lager gelb, K+ tiefrot, meist körnig, diffus sorediös aufbrechend, oft gänzlich sorediös . . . . *Caloplaca citrina*

44* Lager K− bis K+ gelblich 45

45 Lager einheitlich mehlig (leprös), leuchtend gelb, gewöhnlich zusammenhängend. An regengeschützten Stellen, vor allem in Borkenrissen . . . . *Chrysothrix candelaris*

45* Lager mit anderen Merkmalen. Wenn leuchtend gelb, dann nicht einheitlich mehlig und kein zusammenhängendes Lager bildend 46

46 Lager aus grünlichen bis zitrongelben kleinen, gekerbten bis angedeutet gelappten flachen Schüppchen, die sorediös aufbrechen. Soredien meist leuchtend gelb. Mitunter bedecken die Sorедienhäufchen die Schüppchen vollkommen . . . . **Candelariella reflexa**

46* Lager nicht aus sorediös aufbrechenden Schüppchen 47

47 Lager aus getrennten, oft stark gewölbten, leuchtend gelben Soredienhäufchen. Bei manchen Soredienhäufchen sind randlich kleine Reste von Schüppchen/Areolen erkennbar, aus denen die Soredien hervorgegangen sind . . . . **Candelariella reflexa**-Gruppe

47* Lager nicht aus getrennten gelben Soredienhäufchen bestehend 48

48 Lager hell gelbgrünlich, blaß gelblich, gelbgrau, KC+ orange 49

48* Lager gelb, grüngelb, KC− 50

49 Lager meist weitgehend sorediös, hell gelbgrünlich bis hell graugrünlich, K+ gelb(lich), P−, C+ tiefgelb bis orange . . . . **Lecanora expallens**

49* Lager fein isidiös, gelbgrau, blaßgelb, blaß gelbgrünlich, K−/K+ gelblich, (Mark) P− oder P+ ocker, dann orangerot, C+ gelb bis orangegelb . . . . **Pertusaria flavida**

50 Lager einheitlich feinkörnig, rein gelb, ohne Grünton. Körnchen rundlich, 0,05–0,1 mm dick, selten größer und etwas abgeflacht und dann meist randlich körnig sprossend, gewöhnlich zahlreich, dicht gedrängt bis locker stehend . . . . **Candelariella xanthostigma**

50* Lager grobkörnig bis warzig areoliert, meist nur in humiden kühlen Gebieten, nur auf ausgeprägt sauren Rinden an nicht beregneten Stellen . . . . vgl. *Chaenotheca chrysocephala*

51 Lager feinkörnig bis isidiös oder korallinisch, nicht sorediös 52

51* Lager sorediös aufbrechend bis gänzlich sorediös 56

52 Lager braun, dunkelbraun, selten grünlichbraun, aus verlängerten bis korallinischen, zum Teil auch rundlichen Körnchen, K−, an abgeschabten Stellen, zumindest aber im Quetschpräparat C+/KC+ rot. Körnchen 25–150(200) × 25–50 µm . . . . *Placynthiella (= Saccomorpha) icmalea*

52* Lager anders gefärbt 53

53 Lager K+ gelb, dann rasch rot, dicht mit kleinen, –0,2 mm dicken, –0,5(1) mm

hohen, halbkugeligen, eiförmigen bis kurz zylindrischen Isidien bedeckt, zusammenhängend, aber ± rissig, grauweiß, hellgrau, seltener hellbräunlichgrau oder grünlichgrau, mitunter mit hellem Vorlager. Isidien in offenen Lagen oft dunkelgrau bis bräunlich, nicht selten oben verdickt . . . . . **Pertusaria coccodes**

53* Lager K– oder K+ gelb (mitunter allmählich schmutzig rotbraun) 54

54 Lager aus meist verlängerten bis fein korallinischen, z.T. auch rundlichen, grau- bis gelbgrünlichen, bläulichgrünen, im Herbar ausblassenden Körnchen von 60–120 µm Größe, R–. Nur auf basenreichen Rinden . . . . . *Bacidia rubella*

54* Lager zusammenhängend krustig, aber stellenweise auch rissig, dicht mit halbkugeligen bis zylindrischen Isidien bedeckt, weißgrau, grau, graugrünlich, gelbstichig grau bis gelbstichig graugrünlich, K+ gelb, wenn K–, dann C+/KC+ orange. Isidien –0,1 mm dick (wenn Lager weißgrau, C+ rot: *Ochrolechia subviridis*) 55

55 Lager gewöhnlich etwas gelbstichig grau/ graugrünlich, C+ gelb bis orangegelb/ KC+ orange, K–/K+ gelblich, (Mark) P– oder P+ ocker, dann orangerot . . . . vgl. **Pertusaria flavida** (49*)

55* Lager hellgrau bis hellgraugrünlich, auch mit leicht gelblichem Ton, C–, K+ gelb, allmählich auch schmutzig rotbraun, KC+ gelb, (Mark) P+ gelb, dann ± orangerot. Isidien an der Spitze oft dunkler (± bräunlich) *Pertusaria coronata*

56 Lager C+ rot oder C+ orange, stets auch KC+ rot, KC+ orange 57

56* Lager C– bis C+ gelblich 61

57 Lager C+ orange, sorediös aufbrechend bis gewöhnlich weitestgehend sorediös, hellgrünlich, hellgelbgrünlich, hellgelbbräunlich, meist ziemlich ausgedehnt . . . . **Lecanora expallens**

57* Lager C+ rosarot bis rot, K– bis K+ undeutlich gelblich 58

58 Sorale schmutzig grau, grüngrau, blaugrünlich grau, feucht grünlich, unregelmäßig aufbrechend, Lager hellgrau bis grünlichgrau, seltener gelbstichig grau, zusammenhängend körnig, Körner z.T. etwas abgeflacht . *Trapeliopsis flexuosa*

58* Sorale hell, weißlich, leicht gelblich oder leicht grünlich. Lager grauweiß bis grau 59

59 Lager dünn, zusammenhängend, glatt bis buckelig, weißlich bis hellgrau. Sorale UV+ orange, flach bis leicht konkav, rundlich, weißlich, cremefarben bis leicht grünlich, 0,3–0,7 mm breit, Soredien –70 µm dick. Oft auf Obstbäumen, Alleebäumen . . . . *Ochrolechia arborea*

59* Lager gewöhnlich kräftig entwickelt, grauweiß bis grau, UV–/± weiß. Sorale ± flach bis gewölbt. Fast nie an Obstbäumen 60

60 Sorale weißlich, gewölbt (bis halbkugelig), –1,3(1,8) mm breit, auch zusammenfließend. Lager am Rand oft gezont, mit weißlichem bis silbrigem, glänzendem Vorlager, glatt bis uneben-warzig, gegen den Rand meist ohne Risse, gegen die Lagermitte rissig, silbergrau, grauweiß, grau, oft ziemlich dick. C+ (karmin)rote Reaktion v.a. in den Soralen/im Mark. Sehr oft mit *Pertusaria coccodes* oder *Pertusaria flavida* vergesellschaftet . . . . *Pertusaria hemisphaerica*

60* Sorale etwas gelblich, beige, grünlichweiß, graugrünlich, flach bis gewölbt, –2 mm, mitunter zusammenfließend. Lager ohne oder mit weißlichem Vorlager, dünn bis dick, glatt bis warzig-uneben oder knollig, hellgrau, gelblich hellgrau, C+ (rosa- bis orange)rote Reaktion in den Soralen oder in bzw. auf der Rinde . . . . *Ochrolechia androgyna* (wenn Lager weißlich, fein isidiös, Isidien sorediös aufbrechend: *Ochrolechia subviridis*)

61 Lager grauweiß bis hellgrau, K+ gelb, dann rot (mitunter nur im Randbereich des Reagenztropfens), unregelmäßig sorediös aufbrechend, oft ziemlich großflächig sorediös. Soredien weißlich bis hellgrau(grünlich) . . . . **Phlyctis argena**

61* Lager K− bis K+ gelb oder zögernd rötlichgelb (dann mit begrenzten rundlichen bis elliptischen Soralen) 62

62 Lager völlig leprös, völlig oder zumindest die gesamte Oberfläche gänzlich feinmehlig, weißlich bis grünlichweiß oder mit leicht blaugrünlichem oder gelblichem Stich . . . . **Lepraria incana**-Gruppe
Es kommen im Normalfall etwa vier Arten in Frage, die nur der fortgeschrittene Flechtenkundler unterscheiden sollte; rel. einfach ist in der Regel *L. incana* durch die weißblaue Färbung im UV-Licht zu unterscheiden, *L. rigidula* durch auffallend igelartige Soredien (Hyphen treten strahlig aus den Soredienkügelchen aus) und meist weißliche Farbe ohne Gelb- oder Grünstich.

62* Lager nicht leprös, sondern mit wenigstens stellenweise begrenzten Soralen, mitunter später flächig sorediös, aber nie völlig in Körnchen aufgelöst . . . 63

63 Lager KC+ violett, grau, mit deutlich begrenzten, rundlichen, meist gewölbten bis halbkugeligen, seltener fast flachen weißen Soralen. Vorlager gewöhnlich nicht gezont . . . . **Pertusaria amara**

63* Lager KC− oder KC+ gelb 64

64 Lager/Sorale K− und P− 65

64* Lager und/oder Sorale K+ gelb bis orange(rotbraun), P− oder P+ gelb bis rot 67

65 Lager mit scharf begrenzten, rundlichen bis seltener elliptischen, konkaven bis flachen, seltener gewölbten, nur vereinzelt zusammenfließenden Soralen, grau, oft ausgedehnt, oft mit deutlichem, (weißlich-grüngrau bis etwas bräunlich) gezontem Vorlager, deutlich dunkler als Sorale. Sorale –2,5 (4) mm breit, rundlich, konkav bis (m.) gewölbt, berandet. Soredien grob, –200(300) µm . . . . **Pertusaria albescens**
(wenn Lager höckerig-uneben, auf den Höckern mit unscharf begrenzten körnigen, z.T. zusammenfließenden kleinen Soralen: var. **corallina**)

65* Lager wenigstens teilweise mit unregelmäßig begrenzten, diffus zusammenfließenden Soralen, die aus kleinen Warzen aufbrechen, hellgrau, grauweiß bis cremefarben, runzelig bis glatt, mitunter mit weißem Vorlager. Sorale weißlich, cremefarben, gelblichweiß, grünlichweiß. Soredien 50–90 (120) µm. Mitunter schwierig zu trennen 66

66 Lager mit teils scharf begrenzten, teils diffus zusammenfließenden Soralen, selten zuletzt einheitlich sorediös. V.a. in niederen bis mittleren Lagen . . . . **Ochrolechia turneri**

66* Lager bald großflächig mehlig bis körnig sorediös, dünn. V.a. montan, auf sauren Rinden . . . . **Ochrolechia microstictoides**

67 Lager und/oder Sorale P− bis P+ gelb 68

67* Lager und/oder Sorale P+ gelborange, orangerot bis rostrot 69

68 Sorale bis 0,8 mm, K+ gelb, C± gelblich, leicht konkav, flach bis gewölbt, begrenzt, in der Lagermitte oft zusammenfließend, ± rund, frisch hellgrünlichgrau bis cremefarben, im Herbar weißlich. Lager weiß bis weißgrau, zusammenhängend, glatt bis warzig. Apothecien sehr selten, ähnl. *Lecanora allophana* . . . *Lecanora impudens*/*L. allophana f. sorediata* (die beiden Sippen sind nur mit Hilfe der Inhaltsstoffe zu bestimmen)

68* Sorale bis 0,5(0,8) mm, K+ orange bis rotbraun (aber Reaktion manchmal recht undeutlich), meist flach oder etwas konkav, oft etwas vortretend, nicht selten durch einen ± ausgefransten „Lagerkragen" gesäumt, rund (bis elliptisch), grünlichweiß, grüngelblich, grau, grüngrau, graublau. Lager dünn bis kaum erkennbar, hellgrau . . . . **Buellia griseovirens**

69 Lager hellgrau bis grau, uneben warzig oder etwas rissig, mit oder ohne dunkelbraune bis braunschwarze Vorlagerlinie, Sorale anfangs klein, ± konkav, begrenzt, später größer (bis über 1 mm) und oft zusammenfließend, auch gewölbt, blaß grünlich, weißlich, bläulich- bis bräunlichgrau, K+ gelb, P+ orangerot. Soredien bis 40 µm. Lager mitunter mit unregelmäßigen apothecienähnlichen schwarzen, bis 0,8 mm breiten Strukturen von gallertiger Konsistenz (ein flechtenbewohnender Pilz) . . . . *Mycoblastus fucatus*

69* Lager hellgrau, dünn, auch im Substrat, mit oder ohne dunkelbraune Vorlagerlinie. Sorale meist flach oder etwas konkav, oft etwas vortretend, nicht selten durch einen ± ausgefransten „Lagerkragen" gesäumt, grünlichweiß, grüngelblich, grau, grüngrau, graublau, K+ orange bis rotbraun (manchmal recht undeutlich), P+ gelb bis gelborange, bis 0,5 (0,8) mm . . . **Buellia griseovirens**

Schlüssel II: Laubflechten

1 Lager orangegelb, gelb, grünlichgelb, gelbgrünlich („bartflechtengrün") . 2

1* Lager grau, grünlich bis blaustichig grau, oliv bis braun 9

2 Lager ohne Sorale, gewöhnlich mit Apothecien, gelb bis orange, K+ tiefrot 3

2* Lager mit Soralen, fast stets ohne Apothecien, K− oder K+ tiefrot 4

3 Lager meist nur bis 1 cm breit, gewöhnlich bis fast zum Rand dicht mit Apothecien bedeckt. Lappen ± gewölbt, fein aufgeteilt, Enden schmal, bis 0,8(1) mm breit . . . . **Xanthoria polycarpa**

3* Lager wesentlich größer werdend, ein breiter Randbereich ohne Apothecien, junge Lager ohne Apothecien. Lappen ± flach, Enden gerundet bis gekerbt, 1–5(7) mm breit . . . . **Xanthoria parietina**

4 Lager gelb bis orange, K+ tiefrot 5

4* Lager gelb, grüngelb, gelbgrünlich, K− bis K+ gelblich 6

5 Lagerlappen ± anliegend, an den Enden oft etwas nach unten gebogen, bis 1,5 mm breit. Lager oft rosettig wachsend. Sorale randständig, schwach lippenförmig . . . . **Xanthoria fallax**

5* Lagerlappen aufsteigend, schmal, bis 0,8(1) mm. Lager klein bis rasig zusammenwachsend, nicht rosettig. Sorale an den Enden (an den Kanten) aufbrechend und oft auf die Unterseite übergreifend . **Xanthoria candelaria**-Gruppe

6 Lager leuchtend gelb bis zitrongelb, sehr fein in sehr schmale, verzweigte, 0,1–0,5 mm breite, ± flache Läppchen geteilt, meist nur bis 1 cm breit, aber oft zu größeren Sammellagern zusammenfließend. Unterseite weißlich. Läppchen am Rand körnig bis sorediös . . . . **Candelaria concolor**

6* Lager grünlichgelb, grau-gelbgrünlich, graugelblich, blaßgrünlich (bartflechtengrün) 7

7 Lagerlappen sehr schmal, 0,5–1 mm breit, langgestreckt-lineal, dicht anliegend, blaßgrünlich, gelblichgrün, oft strahlig-rosettig angeordnet, ± flach bis leicht konkav, mit bis über 1 mm breiten, flachen bis gewölbten weißlichen bis blaß lagerfarbenen Flecksoralen. Einzellager bis 2(3) cm breit. Lager K− bis K+ schwach gelblich . . . . **Parmeliopsis ambigua**

7* Lagerlappen 4–10 mm breit, abgerundet bis eingekerbt, aneinanderschließend bis überlappend, Lager in guter Entwicklung rosettig, bis über 10 cm im Durchmesser. Unterseite schwarz, am Rand braun. Sorale flächen- bis randständig 8

8 Mark und Sorale C+ rot. Oberseite mit scharf begrenzten weißen, punkt- bis kurz strichförmigen Pseudocyphellen. Lagerränder oft etwas aufsteigend. Sorale rund bis länglich, flächenständig bis randständig-saumartig . . . . **Parmelia flaventior**

8* Mark und Sorale C−. Oberseite einheitlich gefärbt, allenfalls mit undeutlichen, etwas helleren, unscharfen Flecken. Lagerlappen gewöhnlich anliegend, in der Lagermitte oft wellig-uneben. Sorale rundlich bis unregelmäßig aufbrechend und zusammenfließend, körnig, flächenständig . . . . . . **Parmelia caperata**

9 Lager mit deutlichem Braunton, auch oliv, düster grün oder blaugrün, mitunter weißlich bereift 10

9* Lager grauweiß, grau, leicht blau- oder grünstichig grau 25

10 Flechte sehr klein und fein gegliedert, Einzellager bis 1 cm, aus sehr schmalen, 0,05–0,3 mm breiten, verzweigten, aufsteigenden Läppchen, düster braungrau bis dunkelbraun, feucht grünlich, mit spärlichen randständigen, auch sorediös aufbrechenden Isidien, unterseits hell. R−. Überwiegend auf staubimprägnierten Laubbaumrinden, oft basal . . . . *Phaeophyscia nigricans*

10* Flechte mit anderen Merkmalen, Lappen breiter 11

11 Mark C+ rot (bei dünnen Lagern Oberfläche anschaben und dort prüfen). Rhizinen einfach. Unterseite (dunkel)braun bis schwärzlich 12

11* Mark C−. Rhizinen einfach bis rechtwinklig aufgefasert. Unterseite rosaweißlich, beige, braun, schwarz 15

12 Ohne Sorale und Isidien, mit Apothecien. Nur in den Alpen, im Alpenvorland und sehr selten in alpennahen Mittelgebirgen. Großlappige, kräftige Art mit meist aufsteigenden, bis 5(7) mm breiten Lappenrändern, dunkelbraun, sonst recht ähnl. *P. acetabulum*, an den jungen Lappen und den Apothecienrändern mit vielen, sehr feinen, hellen Härchen besetzt (Lupe) . . . . **Parmelia glabra**

12* Entweder mit Soralen oder mit Isidien, Apothecien selten 13

13 Ohne Sorale, mit dünnen zylindrischen, unverzweigten bis verzweigten Isidien. Lager ± anliegend, mit flachen, gewöhnlich (vor allem an den Enden) glänzenden Lappen, olivbraun, braun, rotbraun. Isidien bei Exemplaren von lichtreichen Standorten dicht stehend und die Thallusmitte dunkelbraun erscheinen lassend . . . . **Parmelia glabratula**

13* Mit Soralen (Vorsicht: bei mitgenommenen Proben von *P. glabratula* können abgeschabte/erodierte Isidiengruppen bei oberflächlicher Betrachtung Sorale vortäuschen) 14

14 Lager stellenweise weißlich bereift, sonst gelbbraun, braun, rotbraun, dunkelbraun, olivbraun. Lappen an den Rändern aufsteigend, relativ breit, abgerundet, ± matt, mit flächen- bis randständigen, fleckförmigen Soralen, an den Lappenrändern sehr fein behaart (nur bei stärkerer Vergrößerung sichtbar, Binokular!) . . . . **Parmelia subargentifera**

14* Lager nicht bereift, braun, olivbraun. Lappen flach, angedrückt, an den Rändern nicht aufsteigend, ± matt oder stellenweise schwach glänzend, mit kleinen punktförmigen, oft gelblichen Flecksoralen und zusätzlich oft mit zarten halbkugeligen bis zylindrischen Isidien (meist in zerstreuten Gruppen), ohne Härchen . . . . **Parmelia subaurifera**

15 Lager ohne Sorale, ohne Isidien und ähnliche Auswüchse, bei normaler Ent-

wicklung mit Apothecien, in luftverunreinigten Gebieten jedoch oft ohne Apothecien 16

15* Lager mit Soralen oder Isidien. Apothecien selten 18

16 Lagerlappen sehr breit (gewöhnlich über 4 mm), die Enden gerundet, Ränder ± wellig. Oberseits meist düster graugrün, düster grün, selten bräunlichgrau, oft bereift und dann auch bläulich. Mark K+ rot. Apothecien schüsselförmig, Scheibe rotbraun, braun, unbereift. . . . . **Parmelia acetabulum**

16* Lagerlappen langgestreckt und relativ schmal (bis 3 mm), Mark K−. Scheibe braun, dunkelbraun, schwärzlich, oft bereift 17

17 Lager unterseits nur am Rand hell, sonst schwarz, mit schwärzlichen, rechtwinklig auffasernden (nur am Rand einfachen) Rhizinen, oberseits grau bis braun, ± bereift (oft fleckig), ohne endständige Borsten, unbehaart. Lappen dicht anliegend. Apothecien braun, dunkelbraun, Rand oft mit winzigen Läppchen bestückt. . . . . **Physconia distorta**

17* Lager unterseits hell und etwas rinnig, ohne Rhizinen, am Rand (vor allem an den Lappenenden) mit deutlichen Borsten, oberseits grau bis braungrau, fein kurzhaarig-samtig (Lupe). Lappen locker aufliegend bis aufsteigend, sehr locker verzweigt. Apothecien kurz gestielt, Scheibe braunschwarz, oft bereift, mit stark vorstehendem, eingebogenem Lagerrand . . . . . . **Anaptychia ciliaris**

18 Lager bereift, Bereifung oft unregelmäßig fleckig, an den unbereiften Stellen matt. Rhizinen rechtwinklig (flaschenputzerartig) aufgefasert oder einfach bis gabelig, derb. Lappen bis 2(2,5) mm breit 19

18* Lager nicht bereift. Lappen oft über 2 mm breit 21

19 Rhizinen einfach, weiß, grau, bräunlich. Unterseite weißlich bis blaßbraun. Oberseite grau bis braun, ± bereift, an den Lappenrändern und auf der Fläche körnig-sorediös bis isidiös, mitunter die ganze Lagermitte von Isidien/Soredien bedeckt . . . . **Physconia grisea**

19* Rhizinen (außer am Rand) rechtwinklig (flaschenputzerartig) auffasernd, schwarz. Unterseite schwarz, nur am Rand auch weißlich. Lager graubraun bis braun oder lilastichig braun, zumindest an den Lappenenden bereift, mit Lippen- oder Bortensoralen 20

20 Mark weiß, K−. Lappen kurz, teilweise mit grauem bis blaugrauem (endständigem) Lippensoral, oft dachziegelig stehend und teilweise aufsteigend, braun, dunkelbraun, häufig mit violettem Stich, vor allem gegen die Enden bereift. Lager meist nicht rosettig, ziemlich variabel . . . . . . **Physconia perisidiosa**

20* Mark gewöhnlich gelblich bis gelb, K+ gelb. Lappen von ± ausgedehnten Randsoralen gesäumt. Sorale ± gelblich, seltener weißlich, selten sorediös-isidiös. Lappen meist ziemlich langgestreckt, anliegend, dicht verzweigt, Verzweigungen oft kurz und dann Lappen mit „welligem" Umriß, graubraun bis braun . . . . **Physconia enteroxantha**

21 Lagerlappen aufsteigend oder zumindest Ränder deutlich aufgebogen, an den Rändern sorediös bis isidiös, breit, mit sehr wenigen Rhizinen festgeheftet 22

21* Lagerlappen ± anliegend, mit flächenständigen Isidien oder isidienähnlichen Wärzchen (wenn mit Soralen: vgl. bräunliche Formen von *Phaeophyscia orbicularis* [44]) 23

22 Lager braun bis olivbraun, unterseits blaßbraun bis fast weißlich, mit grauweißen bis bräunlichen, meist körnigen bis fast isidiösen Bortensoralen, derb, wellig, 2–6(8) mm breit . . . . **Cetraria chlorophylla**

22* Lager vor allem gegen die Enden/Ränder gebräunt, sonst eher grau, selten (an windexponierten Stellen) weitgehend braun, unterseits schwarz oder randlich braun, an den Rändern mit unverzweigten bis verzweigten Isidien oder körnig sorediös. Lappen meist 4–12 mm breit . . . . **Platismatia glauca**

23 Lager mit niedrigen, konischen, an der Spitze mit einer Vertiefung versehenen Wärzchen. Apothecien nur in „Reinluftgebieten" regelmäßig vorhanden, mit stark warzigem Rand. Unterseite in der Mitte schwärzlich, randlich oft ziemlich hell. Nur in sehr wenig belasteten Gebieten . . . . *Parmelia exasperata*

23* Lager mit verlängerten, zylindrischen bis spatelförmigen Isidien. Unterseite gewöhnlich braunstichig weißlich bis hellbraun. Apothecien gewöhnlich fehlend 24
(wenn Unterseite schwarz, Oberseite leicht netzrippig, vor allem die Enden bräunlich, sonst grau, vgl. ungewöhnlich stark gebräunte Exemplare von *Parmelia saxatilis*)

24 Isidien dicklich, nach oben hin keulig verdickt oder spatelig verbreitert und abgeplattet, stark glänzend, schräg stehend bis aufgerichtet, innen meist hohl, meist um 140–250 μm dick. Lager glänzend, Lappen am Rand oft aufsteigend, braun, rotbraun, olivbraun. Apothecienrand nicht isidiös . . . . **Parmelia exasperatula**

24* Isidien zylindrisch, in der Lagermitte sehr dichtstehend, oft verzweigt, bis 1 mm hoch und 50–140(180) μm dick, nicht hohl. Lager meist größtenteils matt bis schwach glänzend, anliegend, braun, olivbraun. Apothecienrand dicht isidiös . . . . *Parmelia elegantula*

25 Lager mit Isidien 26

25* Lager ohne Isidien 31

26 Isidien ganz überwiegend randständig, grob, oft verzweigt-koralloid. Lagerlappen breit, wenig gegliedert, aufsteigend, vor allem am Rand wellig uneben, mit sehr wenigen Rhizinen. Unterseite schwarz oder randlich braun, selten auch stellenweise weißlich . . . . **Platismatia glauca**

26* Isidien flächenständig, ± regelmäßig zerstreut bis dicht stehend 27

27 Unterseite ohne Rhizinen, an den Enden oft weißlich bis rosa, ältere Teile blaugrau bis mattschwarz. Lappen nur an der Basis festgewachsen. Oberseite mit zylindrischen bis koralloiden Isidien (an jungen Lappen aber sehr spärlich), mausgrau . . . . **Pseudevernia furfuracea**

27* Unterseite mit zahlreichen Rhizinen 28

28 Unterseite weißlich bis blaß bräunlich, Rhizinen hell, einfach, ... vgl. stark bereifte Formen von **Physconia grisea**

28* Unterseite schwarz, randlich braun, mit zahlreichen schwarzen Rhizinen . 29

29 Lageroberseite mit leicht erhabenen, feinen strichförmigen bis vernetzten weißlichen Pseudocyphellen. Mark K+ gelb, dann orange bis rot, C−. Isidien zylindrisch bis korallenförmig verzweigt, an der Spitze oft bräunlich, Lappen hellgrau, grau, leicht bläulichgrau, mitunter auch bräunlich getuscht, bis 3 mm breit, oft gegen die Enden etwas abgestutzt . . . . **Parmelia saxatilis**
Lager mit auffallend verlängerten, oft ± verdrehten, locker anliegenden bis abgehobenen, bandförmigen Lappen, nicht rosettig, recht ähnlich *P. sulcata*, aber mit kurzen, ± eiförmigen, stellenweise dicht polsterigen, oft sorediös aufbrechenden Isidien und zusätzlich mit punktförmigen Soralen . . . . *Parmelia submontana*

29* Lageroberseite ohne Pseudocyphellen, glatt, mit grauen, graubraunen, braunschwarzen oder schwarzen Isidien, am Rand meist weißlich, innen durch die

Isidien ± grau, braungrau bis schwärzlich, ohne jeden bläulichen Farbstich. Mark K−, C+ rot. Große, rosettig wachsende Arten mit ± flachen Randlappen 30

30 Isidien schwarz (bis dunkelbraun), mindestens teilweise oben verbreitert, knopfartig verflacht oder becherig vertieft, beim Ausbrechen sehr kleine grubige Narben hinterlassend. Lappen meist dicht anliegend, oft leicht glänzend. Selten, in humiden Lagen . . . . **Parmelia pastillifera**

30* Isidien grau bis dunkelgrau, graubraun, manchmal schwärzlich, an der Spitze nicht flach bzw. vertieft, beim Ausbrechen in der Regel keine Gruben hinterlassend. Lappen matt, weniger eng anliegend als bei *P. pastillifera* . . . . **Parmelia tiliacea**

31 Lager ohne Sorale 32

31* Mit Soralen 38

32 Lappen hohl, etwas gedunsen, grau bis blaugrau, grünlichgrau, glatt, unterseits braun, gegen die Mitte meist schwarz, ohne Rhizinen. Ohne Apothecien . . . . Jungpflanzen von **Hypogymnia physodes**

32* Lappen nicht hohl 33

33 Lager unterseits braun bis schwarz 34

33* Lager unterseits weißlich bis blaß bräunlich 36

34 Ohne oder nur mit wenigen Rhizinen, oberseits hellgrau bis grau, breitlappig. Lager K+ gelb. Stets ohne Apothecien . . Jungpflanzen von **Platismatia glauca**

34* Mit zahlreichen schwärzlichen Rhizinen. Apothecien nicht selten. Lappen weißlich bis blaugrau bereift 35

35 Rhizinen einfach. Lappen durch die Bereifung grauoliv, grau, blaugrau, 3–10 mm breit, Enden gerundet, Ränder etwas aufsteigend. Mark K+ gelb, dann rot. Apothecien schüsselförmig, braun, unbereift . . . . stark bereifte Formen von **Parmelia acetabulum**

35* Rhizinen zum großen Teil rechtwinklig auffasernd. Lappen durch die Bereifung weißlich bis graubraun, 1–2 mm breit, langgestreckt, flach, nicht aufsteigend. Mark R−. Apothecien scheibenförmig, braun bis dunkelbraun, gewöhnlich bereift . . . . stark bereifte Formen von **Physconia distorta**

36 Lagerlappen an den Rändern und Enden mit vereinzelten hellen bis grauen Borsten (Wimpern), bandförmig langgestreckt, nicht aneinanderschließend, unterseits etwas rinnig, ohne Rhizinen, oberseits grau, braungrau, K− . . . . **Anaptychia ciliaris**

36* Lagerlappen ohne Borsten, ± aneinanderschließend, mit weißlichen, grauen bis bräunlichen Rhizinen, 1–1,5(2) mm breit, flach bis mäßig gewölbt, weißlich, grauweiß, blaustichig weiß, K+ gelb bis grüngelb. Lager rosettig, gewöhnlich mit Apothecien 37

37 Mark K+ deutlich gelb. Lager oberseits deutlich weiß punktiert (vor allem in feuchtem Zustand gut sichtbar). Apothecien meist bereift . . . **Physcia aipolia**

37* Mark K− (Vorsicht: Rinde K+ gelb!). Lager oberseits gewöhnlich nicht oder nur undeutlich punktiert. Apothecien meist unbereift . . . . **Physcia stellaris**

38 Sorale auf die Enden der Lappen beschränkt, entweder an der Unterseite von ± lippenartig aufgebogenen oder helmförmig gewölbten Enden entstehend oder „kopfig“-halbkugelig 39

38* Sorale flächen- oder randständig, nie auf die Enden beschränkt, nicht auf der Unterseite 43

39 Sorale kopfig bis (halb)kugelig, an aufsteigenden bis aufrechten, stark gewölb-

ten, hohlen Lappen. Lager grau, leicht blaustichig grau, unterseits schwärzlich, ohne Rhizinen . . . . **Hypogymnia tubulosa**

39* Sorale auf der Unterseite von lippen- oder helmförmig aufgebogenen Lappenenden 40

40 Unterseite dunkel, schwärzlich, am Rand aber oft braun oder heller. Lappen hohl oder solid, ohne oder mit überwiegend schwärzlichen Rhizinen. Lager K– oder K+ gelb 41

40* Lappen unterseits weißlich bis leicht braunstichig und flach bis rinnig, mit hellen Rhizinen, nicht hohl, weißlich bis hellgrau, oft an den Enden mit vereinzelten haftfaserähnlichen Borsten. Lager K+ gelb 42

41 Lappen hohl, grau, blaugrau, unterseits schwärzlich, gegen die Ränder jedoch oft braun. Ohne Rhizinen. Lager K+ gelb. Auf sauren Rinden. . . . . **Hypogymnia physodes**

41* Lappen nicht hohl, hellgrau bis grau, flach, Mark stellenweise orangerot. Rhizinen zahlreich, die äußeren zum Teil ± hell, die übrigen schwarz, einfach. Lager K– (orangerotes Mark K+ violett). Auf basenreichen Rinden . . . . *Phaeophyscia endophoenicea*

42 Sorale an der Unterseite flacher bis lippenförmig aufgebogener Lappenenden. Apothecien gelegentlich auftretend . . . . **Physcia tenella**

42* Sorale an der Unterseite kuppel- oder helmartig aufgewölbter Lappenenden. Apothecien sehr selten . . . . **Physcia adscendens**

43 Lager unterseits ohne Rhizinen, schwarz, nur randlich braun, oberseits grau, gegen die Mitte unregelmäßig flächig sorediös aufbrechend. Lappen hohl . . . . **Hypogymnia farinacea**

43* Lager unterseits mit Rhizinen. Nicht flächig sorediös aufbrechend, sondern mit begrenzten Soralen. Lappen nicht hohl 44

44 Lager K– bzw. grün verfärbend, Sorale, Mark K–, C–. Lappen schmal, hellgrau, dunkelgrau, bräunlichgrau, feucht grünlich, mit rundlichen bis unregelmäßigen flachen bis seltener gewölbten Soralen, unterseits schwärzlich, bis zum Rand mit schwarzen (am Rand auch gelegentlich hellen) Rhizinen besetzt, oft unregelmäßig, seltener rosettig wachsend, Einzellager meist bis 3 cm, aber oft zu größeren Sammellagern zusammenwachsend. Apothecien ziemlich selten, schwarz, mit Lagerrand . . . . **Phaeophyscia orbicularis**

44* Lager K+ gelb, Sorale und Mark K+ gelb bis orangerot oder C+ rot. Lappen grauweiß bis blaugrau 45

45 Lager unterseits braunstichig weiß bis hellbräunlich, selten grauschwärzlich. Mark und Sorale C+ rot. Lagerlappen gerundet, aneinanderschließend bis überlappend, ziemlich breit (bis 8(10) mm), mit flächenständigen rundlichen Flecksoralen und meistens länglichen Bortensoralen. Lagerränder mitunter etwas aufgebogen. Oberfläche mit zerstreuten punktförmigen bis kurz strichförmigen Pseudocyphellen . . . . **Parmelia subrudecta**

45* Lager unterseits schwarz, nur am Rand auch braun. Mark und Sorale C–, K+ gelb, dann orange bis rot. Lagerlappen meist gestreckt, ± linealisch, 1–4 mm breit, verzweigt, an den Enden oft gestutzt. Oberseite mit schwach erhabenen, feinen strichförmigen bis vernetzten Pseudocyphellen. Sorale bei normaler Entwicklung länglich-strichförmig . . . . **Parmelia sulcata**

Schlüssel III: Strauchflechten

1 Lager gelb, K+ tiefrot, klein bis rasig zusammenwachsend. Lagerlappen aufsteigend, schmal, –0.8(1) mm, sorediös. Sorale an den Enden (an den Kanten) der Lagerlappen aufbrechend und oft auf die Unterseite übergreifend . . . . **Xanthoria candelaria**

1* Lager nicht gelb 2

2 Lagerabschnitte fädig bis bandförmig verflacht, allseits ± gleich gefärbt, d.h. keine vorgebildete Unterseite unterscheidbar 3

2* Lagerabschnitte ± verflacht, nicht beiderseits gleich gefärbt oder gestaltet, d.h. eine Ober- und Unterseite unterscheidbar 12

3 Lager graubraun, braun, dunkelbraun, braunschwarz, aus fädigen, gabelig verzweigten Abschnitten, kurz strauchig bis lang bartartig oder locker-fädig . . . . **Bryoria fuscescens**

3* Lager blaß graugrünlich bis gelbgrünlich 4

4 Lagerabschnitte im Querschnitt ± rund bis etwas kantig, von einem zähen weißen Strang (Zentralachse) durchzogen, der beim Dehnen der Lagerabschnitte nach Aufreißen der Rinde sichtbar wird, oft mit senkrecht abgehenden kurzen Zweigen besetzt. In belasteten Gebieten nur in verkümmerten, oft schwer zu bestimmenden Individuen (dann als **Usnea** spec. zu bezeichnen) 5

4* Lagerabschnitte abgeflacht, ohne zähen Zentralstrang, nicht auffallend mit senkrecht abgehenden kurzen Zweigen besetzt 6

5 Lagerbasis gewöhnlich nicht geschwärzt. Äste oft kantig oder stellenweise grubig, ohne oder mit wenigen halbkugeligen Wärzchen (Papillen), ohne oder mit spärlichen senkrecht abgehenden Kurzzweigen, mit zugespitzten Isidien oder Isidiengruppen. Äste oft an der Basis verengt. Mark gewöhnlich K−. . . . . **Usnea hirta**

5* Lagerbasis geschwärzt. Äste ± stielrund, nicht grubig, aber ± dicht mit Wärzchen (Papillen) besetzt, gewöhnlich ± dicht mit senkrecht abgehenden Kurzzweigen besetzt, ältere Zweige mit Isidien oder isidiösen Soredien. Mark gewöhnlich K+ rot . . . . **Usnea filipendula**

6 Ohne Sorale 7

6* Mit Soralen 11

7 Mit blaßgelben bis blaßgrünlichen oder hellbräunlichen Apothecien 8

7* Ohne Apothecien 9

8 Lager ± gedrungen, abstehend bis aufrecht, kaum länger als breit, daher oft von ± kugelig-halbkugeliger Form, reich verzweigt, die meisten Äste ungefähr gleich lang, mit endständigen, meist in Aufblähungen eingesenkten Apothecien. Lagerabschnitte 1–6 mm breit, bis 6 cm lang, ± hohl, mit spinnwebigem Mark, meist grubig verunebnet, ohne Pseudocyphellen . . . . . **Ramalina fastigiata**

8* Lager gut entwickelt länger als breit und hängend. Apothecien flächen- oder randständig, selten fast endständig. Lagerabschnitte bandförmig, 2–25 mm breit, 2–20 cm lang, schwach rinnig bis flach, meist stark grubig bzw. mit Runzeln und Leisten versehen, starr, mit (bisweilen undeutlichen) Pseudocyphellen. Bei schlechter Entwicklung nur aus einem bis wenigen rel. kurzen Abschnitten mit oft knotiger Oberfläche bestehend . . . . **Ramalina fraxinea**

9 Lager nur aus einem oder wenigen, gewöhnlich über 3 mm breiten bandförmigen Abschnitt(en) mit runzeliger bis knotiger Oberfläche bestehend. Mark P− . . . . reduzierte Formen von *Ramalina fraxinea*

9* Lagerabschnitte schmal, bis 2 mm breit, meist glatt, selten länger als 2 cm, ± verzweigt 10

10 Mark P+ gelborange bis orangerot: reduzierte Formen (ohne Sorale) von *Ramalina farinacea*

10* Mark P−: reduzierte Formen (ohne Sorale) von *Ramalina farinacea* und *Ramalina pollinaria* (Unterscheidung bei jungen Formen sehr schwierig)

11 Sorale an den Kanten, weniger auf der Fläche der schmalen Lagerabschnitte, rundlich bis meist oval. Mark P− oder P+ orange bis orangerot. Lager ± stark verzweigt, Abschnitte meist von ähnlicher Breite, selten über 2 mm breit. Oberfläche ± glatt. Soredien 20–40 µm . . . . **Ramalina farinacea**

11* Sorale hauptsächlich auf der Fläche und an den Enden oder kurz unterhalb der Enden, kaum an den Kanten/Rändern, unregelmäßig aufbrechend, auch fast kopfig oder lippenförmig. Mark P−. Abschnitte auch in einem Lager oft sehr unterschiedlich breit, gegen die Enden oft stark zerteilt, z.T. auch in fast zylindrische Abschnitte, mitunter mit knotigen Auswüchsen. Abschnitte oft über 2 mm breit. Soredien 40–70 µm. Sehr variabel . . . . **Ramalina pollinaria**
(Die Unterscheidung der beiden o.g. Arten ist oft schwierig oder nicht möglich. Die Lagerabschnitte von *R. farinacea* sind relativ glatt, die von *Ramalina pollinaria* haben mitunter knotige Ränder und Auswüchse; wenn Mark oder Sorale P+ gelb, orange bis orangerot reagieren, handelt es sich in jedem Fall um *Ramalina farinacea*.)

12 Lager oberseits blaß gelbgrünlich, blaß grünlich, hellgraugrünlich, unterseits weißlich oder gelegentlich grünlich gescheckt, aus bandförmigen, gabelig verzweigten, weichen, flachen bis leicht gewölbten, unterseits entsprechend angedeutet rinnigen Abschnitten, an den älteren Abschnitten mit rand- oder flächenständigen groben Soralen, in belasteten Gebieten Lager oft gedrungen und stark sorediös. Mark R−, Rinde K± gelb . . . . **Evernia prunastri**

12* Lager weißlich, grau, blaustichig grau, wenn leicht grünstichig, dann unterseits nicht weißlich 13

13 Lager mit Isidien 14

13* Lager ohne Isidien 15

14 Lager mit flächenständigen zylindrischen bis koralloiden Isidien, grau, unterseits an den jungen Enden weißlich bis rosa oder rosagrau, weiter zur Basis hin (an älteren Teilen) geschwärzt, gabelig geteilt, Ränder gerade, Unterseite flach bis etwas rinnig, ohne Rhizinen. Abschnitte ziemlich derb. Oberseite K+ gelb, Mark C− oder C+ rot . . . . **Pseudevernia furfuracea**

14* Lager mit randständigen, oft koralloiden bis unregelmäßig verflachten Isidien, selten mit vereinzelten flächenständigen Isidien, hellgrau, leicht grünlichgrau, braungrau, Unterseite braun bis schwarz, mit sehr spärlichen Rhizinen. Lagerabschnitte nicht typisch bandförmig, nicht auffallend gabelig verzweigt, gewöhnlich nicht nur an einer Stelle angewachsen. Abschnitte dünn, aufsteigend, breitlappig-wellig, Ränder nicht gerade, Unterseite braun bis schwarz, Oberseite glatt bis runzelig, K+ gelb. Mark C− . . . . **Platismatia glauca**

15 Lager ohne Sorale, grau, braungrau, aus bandförmigen, gabelig geteilten, derben, unterseits weißen, rinnigen Abschnitten, mit hellen bis grauen Borsten an den Enden, Oberfläche sehr fein samtig-kurzhaarig (Bino), K− . . . . **Anaptychia ciliaris**

15* Lager mit Soralen, nur junge Exemplare ohne Sorale. K+ gelb 16

16 Lager weißlich, klein, selten über 3(4) cm, aus schmalen (bis 1 mm breiten), nur

an den Enden aufsteigenden Läppchen, mit Soralen an der Unterseite der lippenförmig aufgebogenen oder helmförmig aufgewölbten Enden, unterseits weißlich. Rinde K+ gelb . . . . **Physcia tenella/adscendens**

16* Lager ohne Lippen- und Helmsorale 17

17 Lagerlappen hohl, grau, an den Enden mit weißlichen Kopfsoralen . . . . **Hypogymnia tubulosa**

17* Lagerlappen nicht hohl. Lager grau, aus bandförmigen, gabelig geteilten, weichen Abschnitten, unterseits weißlich oder etwas grünfleckig, flach bis meist angedeutet rinnig, ältere Exemplare mit unregelmäßig aufbrechenden Soralen an den Rändern oder auf der Fläche, an einer Stelle angewachsen . . . . **Evernia prunastri** f. **herinii**

Schlüssel IV: Lager schuppig bis sehr kleinblättrig

1 Lager aus zwei Teilen, aus basalen, gekerbten oder etwas aufgebogenen hellgrauen bis blaß grünlichen Schüppchen und horn-, spieß-, stab- oder becherförmigen, weißlichen bis grauen oder grünlichgrauen, ± vertikalen Teilen (Podetien) 2

1* Lager einförmig, ohne solche vertikalen Podetien 4

2 Podetien horn-, spieß-, oder stiftförmig, mit feinmehliger Oberfläche, bis 2 cm hoch, K−, P+ rot . . . . *Cladonia coniocraea* (wenn K+ deutlich gelb, mitunter mit roten Pünktchen (Pykniden) oder Apothecien: *Cladonia macilenta*)

2* Podetien ähneln Pokalen oder gestielten Bechern. Lager K−, P+ rot. Mitunter nicht eindeutig bestimmbar. *Cladonia pyxidata*-Gruppe 3

3 Podetienoberfläche fast gänzlich gleichmäßig mehlig, allenfalls an der Basis etwas berindet und beschuppt, blaßgrünlich bis grauweiß, schlank, regelmäßig geformt, gleichmäßig gefärbt. Becher ± pokalartig, langgestielt, abrupt in den Stiel übergehend, meist bis 5 mm breit. Soredien bis 30(40) µm . . . . *Cladonia fimbriata*

3* Podetien teilweise (zumindest im unteren Bereich) bis fast ganz berindet, im oberen Teil, zumindest jedoch im Becher mit feinkörniger bis körniger Oberfläche, graugrünlich bis graubräunlich, servdiöse Teile meist blaß grünlich. Becher allmählich in den Stiel verschmälert. Soredien 50–150 µm . . . . *Cladonia pyxidata* ssp. *chlorophaea*

4 Schuppen grünlichgrau, gelblich grüngrau, grau, K+ gelb, P+ orange, am Rand ± aufgebogen, gewöhnlich nicht gekerbt, am Rand und auf der Unterseite weißlich sorediös, meist 3–8 mm groß. Basal an Bäumen (v.a. Nadelbäumen). Bei guter Entwicklung mit grauen, stellenweise weißlich sorediösen, fingerartig sprossenden, flachen Bechern, oft auch nur mit horn- oder stabförmigen Gebilden, an denen sich rote Pünktchen (Pyknidien) oder rote Fruchtkörper bilden . . . . *Cladonia digitata*

4* Schuppen K− 5

5 Lager C+ rot, aus randlich lippenartig aufgebogenen, meist „dachziegelig“ stehenden, überlappenden, an den Rändern sorediösen Schuppen, olivbraun, hell- bis dunkelbraun, seltener olivgrau . . . . **Hypocenomyce scalaris**

5* Lager C−; Schuppen nicht mit lippenförmig aufgewölbten sorediösen Rändern 6

6 Lager glänzend braun, dicht kleinblättrig-kleinlappig, Läppchen nie mit erhabe-

nem Rand, 3–8 mm lang, 1–3 mm breit, unterseits bräunlichweiß bis blaß rosabräunlich . . . . *Parmelia laciniatula*

6* Lager grau, blaß grünlich, grünlichgrau, unterseits weißlich 7

7 Schuppen nicht wie berandet erscheinend, blaß grünlich, blaß graugrünlich, unterseits weißlich, gekerbt bis tief eingeschnitten, meist dichtstehend und etwas verlängert, meist 2–4 mm lang, mitunter am Rand sorediös, K–, P+ rot. . . . . *Cladonia-Lagerschuppen (C. coniocraea/chlorophaea/fimbriata)*

7* Schuppen berandet erscheinend, hellgrau bis grünlichgrau, rundlich bis nierenförmig, am Rand oft sorediös aufbrechend, mit Ausnahme des aufgebogenen Randes anliegend, 1–2 mm breit, R–. Oft auf oder neben Moosen, oft auf Apfelbäumen, Eschen . . . . *Normandina pulchella*

8 Literatur

Ellenberg, H. (1992): Zeigerwerte von Pflanzen in Mitteleuropa. 2. Auflage. Scripta Geobotanica XVIII. Goltze, Göttingen.

Kirschbaum, U. & U. Windisch (1995): Beurteilung der lufthygienischen Situation Hessens mittels epiphytischer Flechten. Schriftenreihe der Hessischen Landesanstalt für Umwelt. Wiesbaden.

VDI-Richtlinie 3799, Blatt 1 (1995): Messen von Immissionswirkungen. Ermittlung und Beurteilung phytotoxischer Wirkungen von Immissionen mit Flechten: Flechtenkartierung zur Ermittlung des Luftgütewertes.

Wirth, V. (1992): Zeigerwerte von Flechten. In: Ellenberg, H.: Zeigerwerte von Pflanzen in Mitteleuropa. Scripta Geobotanica XVIII. Goltze, Göttingen.

Wirth, V. (1994): Checkliste der Flechten und flechtenbewohnenden Pilze Deutschlands – eine Arbeitshilfe. Stuttgarter Beitr. z. Naturkunde A, 517.

Wirth, V. (1995a): Flechtenflora. 2. Auflage. Ulmer, Stuttgart.

Wirth, V. (1995b): Die Flechten Baden-Württembergs. 2. Auflage. Ulmer, Stuttgart.

9 Bildteil mit Artbeschreibungen

Dieser Teil beinhaltet im wesentlichen die Flechten der VDI-Richtlinie einschließlich einiger weiterer häufiger Arten. Er ist in der Regel alphabetisch aufgebaut; in einzelnen Fällen wurde von diesem Prinzip abgewichen, um sehr ähnliche Arten direkt nacheinander darstellen zu können.

Die hier behandelten Flechten kommen an freistehenden Stämmen folgender Laubbäume vor: *Acer platanoides* (Spitzahorn) und *Acer pseudoplatanus* (Bergahorn), *Alnus glutinosa* (Schwarzerle), *Betula pendula* (Hängebirke), *Fraxinus excelsior* (Esche), *Juglans regia* (Walnuß), *Malus domestica* (Apfel), *Populus* spec. (Pappel), *Prunus avium* (Vogelkirsche) und *Prunus domestica* (Pflaume), *Pyrus communis* (Birne), *Quercus robur* (Stieleiche) und *Quercus petraea* (Traubeneiche), *Robinia pseudacacia* (Robinie), *Tilia cordata* (Winterlinde) und *Tilia platyphyllos* (Sommerlinde), *Ulmus* spec. (Ulme).

Die Beschreibungen der Arten geben die *in der Regel* zu findenden Merkmale wieder. Seltene Ausnahmen von der Regel werden nicht erwähnt. So kann in Ausnahmefällen beispielsweise die angegebene Größe der Lager überschritten werden oder eine Art, die von Laubbäumen angegeben wird, auch auf Nadelbäumen vorkommen. Wir halten es für hilfreicher, die Norm anzugeben als die gesamte Spannbreite der Merkmale. Die Bilder stellen normal entwickelte Exemplare dar; sie können nur einen Ausschnitt der Variationsbreite zeigen. Farbangaben beziehen sich auf trockene Lager. Bereits bei sehr hoher Luftfeuchte, besonders aber im feuchten Zustand, bekommen viele Arten einen Grünstich.

Erläuterungen der Abkürzungen

M: Beschreibung wichtiger Merkmale
R: Reaktionen mit Tüpfeltests: +(−): Mit (ohne) Reaktion
U: Unterscheidungsmerkmale ähnlicher Arten
Ö: Ökologische Schwerpunkte (Standortbedingungen)

Definition der Zeigerwerte

L: Lichtzahl
- 1 Tiefschattenpflanze, bei 1(–5)% der relativen Beleuchtung (r. B.) vorkommend
- 2 zwischen 1 und 3
- 3 Schattenpflanze, meist bei < 5% r. B. vorkommend
- 4 zwischen 3 und 5
- 5 Halbschattenpflanze, meist bei > 10% r. B. vorkommend
- 6 zwischen 5 und 7
- 7 Halblichtpflanze, meist bei Volllicht, aber auch im Schatten
- 8 Lichtpflanze, nur ausnahmsweise bei < 40% r. B.
- 9 Vollichtpflanze, nur bei Vollicht, selten bei < 50% r. B.

F: Feuchtezahl
- 1 auf trockenste Bereiche beschränkt
- 2 niederschlagsarme Standorte (< 750 mm) deutlich bevorzugend
- 3 niederschlagsarme Standorte tolerierend, aber oft auch in feuchten Lagen
- 4 auch an niederschlagsarmen Standorten, aber nur bei hoher Luftfeuchte
- 5 niederschlagsarme Gebiete gewöhnlich meidend; Niederschläge meist über 700 mm

6 zwischen 5 und 7; Niederschläge gewöhnlich > 800 mm
7 gewöhnlich auf ziemlich niederschlagsreiche Gebiete beschränkt; Niederschläge meist > 1000 mm
8 gewöhnlich in niederschlagsreichen Gebieten (> 1400 mm), aber auch Austrocknung vertragend
9 gewöhnlich in niederschlagsreichen Gebieten (> 1400 mm), an sehr humiden Standorten; Flechten kaum austrocknend

R: Reaktionszahl (pH-Wert der Rinde)
1 extrem sauer, pH-Wert der Rinde unter 3,4
2 sehr sauer, pH 3,4–4,0
3 ziemlich sauer, pH 4,1–4,8
4 zwischen 3 und 5
5 mäßig sauer, pH 4,9–5,6
6 zwischen 5 und 7
7 subneutral, pH 5,7–6,5
8 neutral, pH 6,6–7,5
9 basisch, pH über 7

N: Nährstoffgehalt der Rinde
1 mineralarm (z. B. Birke, Fichte, Tanne unter natürlichen Bedingungen); Eutrophierung von außen sehr gering
2 zwischen 1 und 3
3 Rinde mäßig mineralreich (z. B. Buche, Eiche); keine oder sehr geringe Eutrophierung
4 zwischen 3 und 5
5 Rinde mineralreich (z. B. Ahorn-Arten, Nußbaum, Schwarzer Holunder) oder mäßig mit nährstoffreichem Staub imprägniert
6 zwischen 5 und 7
7 nährstoffreiche Rinden, häufige Staubimprägnierung oder mäßige Düngung durch Tiere
8 und 9 kommen auf Rinde nicht vor

To: Toxitoleranz gegenüber Luftverunreinigungen
1 sehr gering; extrem empfindlich gegenüber Luftbelastungen
2 ziemlich gering
3 zwischen 3 und 4
4 mittel
5 zwischen 4 und 5
6 mäßig hoch
7 ziemlich hoch
8 hoch
9 sehr hoch

Wenn statt einer Zahl ein „X“ steht, bedeutet dies, daß die Art sich indifferent gegenüber dem entsprechenden Faktor verhält. **H:** Häufigkeit des Vorkommens: +++/++/+ kommt häufig/gelegentlich/selten vor.

Anaptychia ciliaris

(L.) Körber ex Massal.
Abbildungsmaßstab 1,5 : 1

M: Bandförmige, locker aufliegende graue Strauchflechte ohne Sorale und Isidien, nicht selten mit Apothecien.
Lager strauchig-bandartig, locker aufliegend, unregelmäßig verzweigt, knorpelig; Ober- und Unterseite unterschiedlich gebaut und gefärbt: *Oberseite* grau bis bräunlich (feucht dunkelgrün), dicht und fein behaart (Lupe), *Unterseite* hell, rinnig, netzrunzelig, ohne Rhizinen. *Lappen* langgestreckt (2–5 cm × 2–3 mm); an den Lappenrändern mit langen, hellen bis dunklen Borsten.
Apothecien (2–5 mm), fast gestielt, mit eingebogenem Rand und schüsselförmiger bis flacher, schwarzbrauner, aber gewöhnlich bereifter Scheibe.
R: Lager K–, C–, KC–, P–.
U: Die Art ist durch die langen randlichen Borsten und die feine Behaarung der Oberfläche gut von anderen Strauchflechten zu unterscheiden. Am ähnlichsten ist *Pseudevernia furfuracea*, die jedoch immer isidiös ist und meist breitere Lappen besitzt. *Evernia prunastri* ist meist sorediös, relativ schlaff, nicht grau bis braungrau, sondern hell graugrünlich bis grüngelblich. Die Lager der *Ramalina*-Arten haben keine unterschiedlich geartete Ober- bzw. Unterseite und sind beidseitig graugrünlich und glänzen in der Regel etwas.
Ö: Vorwiegend an gut belichteten Laubbäumen mit nährstoffreicher Borke, besonders an Alleebäumen, wie Ahorn und Esche. Wegen geringer Toxitoleranz in Nord- und Mitteldeutschland fast ausgestorben. L:7, F:5, R:7, N:5, To:2.
H: +.

Bryoria fuscescens
(Gyelnik) Brodo & D. Hawksw., mit *Usnea* spec. und *Pseudevernia furf.*
Abbildungsmaßstab ca. 1 : 2,5

M: Braune Strauchflechte mit fädigem, verzweigtem Lager, meist mit Soralen. *Lager* buschig bis bartartig, aus stielrunden, verzweigten, hell- bis schwarzbraunen Fäden bestehend, der Borke anliegend oder abstehend, 5–15 cm lang, aber in etwas belasteten Gebieten oft nur bis 3 cm. Die *Fäden* (bis 0,5 mm Durchmesser) sind locker verzweigt (meist entstehen zwei gleichartige Äste an jeder Verzweigungsstelle, an diesen Stellen sind die Fäden etwas abgeflacht). *Sorale* oft vorhanden, bei jungen oder kümmerlich entwickelten Exemplaren aber fehlend, bis 0,7 mm groß und warzen- bis spaltenförmig.
Apothecien sehr selten.
R: Lager K−, C−, KC−, P+ rot oder P−; Mark P−; Sorale P+ rot.
Ü: *Bryoria* unterscheidet sich von anderen Strauchflechten durch ihr fädiges (nicht bandartiges), braun gefärbtes Lager. Die Lager der *Usnea*-Arten sind zwar ebenfalls fädig, aber graugrünlich bis gelbgrünlich gefärbt und oft mit kleinen Warzen und mit kurzen, senkrecht abgehenden Zweigen besetzt; außerdem besitzen die Usneen in den Fäden einen weißen Zentralstrang, der beim vorsichtigen Zerreißen eines Fadens sichtbar wird, weil er zäher ist als die Rinde. Innerhalb der Gattung *Bryoria* ist lediglich in Gebirgslagen eine Verwechslung wahrscheinlich. Die zweithäufigste Art, *B. capillaris*, hat graue, mit K+ gelb und C+ (flüchtig) rosa reagierende Lager; sie kommt in Berglagen vor. Die anderen Bryorien sind sehr selten und meist nur in Wäldern zu finden.
Ö: An Nadelbäumen bzw. Laubbäumen mit saurer Borke (z. B. Birke) oder mit durch saure Schadgase sekundär angesäuerter Rinde. Besonders in niederschlagsreicheren Lagen. L:7, F:6, R:3, N:2, To:4.
H: +.

Buellia griseovirens
(Turner & Borrer ex Sm.) Almb., mit *Lecanora argentata* (rechts)
Abbildungsmaßstab 8:1

M: Graugrüne Krustenflechte mit Soralen.
Lager weißlichgrau bis grau, meistens dünn, oft glatt, doch auch warzig oder gefeldert, selten dicklich, oft mit schwarzem Vorlager (v.a. auf glatter Borke). *Sorale* grünlichgrau, aschgrau, gelblichgrau, nicht selten mit düster bläulichschwärzlichem Farbstich, ± gut begrenzt und rundlich bis oval (0,2–0,5 mm) oder auch zusammenfließend, oft fast das ganze Lager bedeckend, so daß von diesem kaum etwas zu sehen ist.
Apothecien selten, schwarz (fast nur in feuchten Gebirgslagen).
R: Lager K+ gelb, C− oder gelblich, KC+ gelb, P− oder gelblich, Sorale K+ rotgelblich, C− oder gelblich, KC+ gelb, P+ gelb bis gelborange.
U: Ähnlich ist *Mycoblastus sterilis*, deren Sorale aber P+ rot reagieren, unregelmäßig begrenzt sind und bald zusammenfließen, außerdem ist das Lager kräftiger entwickelt. *Phlyctis argena* reagiert mit K+ rot; ihre Sorale sind meistens weißlich bis grauweiß und viel unregelmäßiger begrenzt als bei *B. griseovirens. Ochrolechia microstictoides, O. turneri* und *Pertusaria albescens* haben grauweiße Sorale und zeigen keine Reaktionen auf Tüpfeltests. Letztere hat zudem viel größere (meist > 3 mm) und sehr deutlich begrenzte Sorale. *Pertusaria amara* schmeckt bitter und die Sorale reagieren mit KC+ rotviolett.
Ö: Meist auf glatten bis leicht rissigen Borken von Bergahorn, Apfel, Eiche, Erle, Esche, Hainbuche. L:4, F:4, R:5, N:3, To:5.
H: ++

Buellia punctata

(Hoffm.) Massal.
syn. *Amandinea punctata* (Hoffm.) Coppins & Scheidegger
Abbildungsmaßstab 12 : 1

M: Graue Krustenflechte mit schwarzen Apothecien mit Eigenrand.
Lager nicht sorediös, hell- bis dunkelgrau oder graubräunlich, oft unscheinbar (manchmal aber bis 0,5 mm dick), glatt bis rissig-warzig, matt, ohne Vorlager.
Apothecien häufig, klein (0,3–0,6 mm), zerstreut bis gedrängt; *Scheibe* schwarz, matt, unbereift, flach bis stark gewölbt (v.a. bei erwachsenen Exemplaren); *Rand* schwarz, wenig erhaben, oft ziemlich undeutlich, bei älteren gewölbten Apothecien auch fehlend. *Sporen* braun, zweizellig, gerade bis leicht gebogen, 10–16 × 6–7 µm.
R: Lager K−, C−, KC−, P−.
U: In der Kartierungspraxis in erster Linie mit *Lecidella elaeochroma* zu verwechseln, die jedoch deutlich größere (meist 0,4–1,0 mm gegenüber 0,3–0,6 mm), oft etwas glänzende Apothecien, einzellige farblose Sporen (Quetschpräparat genügt) und ein glatteres, oft schwach glänzendes Lager hat, das bei guter Entwicklung K+ gelb und C+ orange reagiert und oft von einem schwarzen Vorlager umgeben ist. Sie ist ferner weniger toxitolerant als *Buellia punctata*. Beide sind verbreitet. *Lecidella* bevorzugt glatte, feste Borken, *Buellia* tendenziell alte, eutrophierte Bäume. Durch das nicht sorediöse Lager, die ausbleibenden Reaktionen und die Sporengröße von anderen Buellien zu trennen.
Ö: V.a. an isoliert stehenden Bäumen mit nährstoffreicher, eutrophierter Borke (v.a. an Apfel, Birne, Linde, Pappel, Esche, Eiche). Weitgehend unempfindlich gegenüber Luftschadgasen und landwirtschaftlicher Düngung. L:7, F:3, R:5, N:5, To:9.
H: +++.

Candelaria concolor

(Dickson) Stein
Abbildungsmaßstab 9 : 1

M: Kleine, sehr feinlappige, gelbe Blattflechte, meist sorediös.
Lagerläppchen 0,2–2,0 × 0,1–0,5 mm, ± zerschlitzt, meist angedrückt, aber manchmal etwas aufsteigend. *Oberseite* hell- bis grünlichgelb, matt. Oft mit körnigen, gelben Soralen an den Rändern oder auf der Fläche (wenn stark sorediös, dann fast krustig wirkend). *Unterseite* weißlich, mit einfachen, hellen Rhizinen. *Apothecien* sehr selten.

R: K–, C–, KC–, P–.
U: Durch die negative K-Reaktion von anderen gelben Arten (insbesondere *Xanthoria candelaria*-Gruppe) leicht zu unterscheiden. Krustig-sorediöse Formen können mit *Candelariella reflexa* verwechselt werden.
Ö: V.a. an mäßig nährstoffreichen Borken gut belichteter Alleebäume (Spitzahorn, Esche, Linde, Pappel, Ulme), auch in Obstgärten. L:7, F:3, R:6, N:5, To:4.
H: +.

Candelariella reflexa

(Nyl.) Lettau
Abbildungsmaßstab 8,3 : 1

M: Gelbe Krustenflechte mit sorediös aufbrechenden Areolen oder Schüppchen.
Lager stellenweise angedeutet kleinschuppig (0,5 mm); die *Schüppchen* sind angedrückt, flach, unregelmäßig gelappt; sie lösen sich häufig von den Rändern her sorediös auf und sind dann nur noch an wenigen Stellen des Lagers zu finden (das Lager wirkt dann völlig krustig-sorediös). Die Sorale sind hell- bis zitrongelb, das Lager ist grüngelb bis graugrün.
Apothecien sehr selten.
R: K–, C–, KC–, P–.
U: Leicht mit *C. xanthostigma* – mit der sie auch zusammen vorkommt – zu verwechseln: die Soredien sind aber deutlich kleiner als die berindeten Körnchen der letztgenannten Art (0,05–0,07 gegenüber 0,07–0,1 mm). Bei *C. xanthostigma* sind die Körnchen meist auch regelmäßig über die Fläche verteilt, während sie bei *C. reflexa* stellenweise gedrängt vorkommen. *C. xanthostigma* besitzt niemals Schüppchen und hat fast nie einen Stich ins Grünliche. Sind Apothecien vorhanden und besteht das Lager aus verflachten, nicht sorediös aufbrechenden Areolen, so handelt es sich um *C. vitellina*; bei dieser Art reagieren die Apothecien oft (nicht immer) mit K+ orange und das Lager K+ gelb bis rosa. *Caloplaca*-Arten unterscheiden sich durch die kräftige K+ tiefrote Reaktion.
Ö: An nährstoffreichen Borken, daher eher gegen die Stammbasis und an alten Bäumen zu finden (oft zusammen mit *Buellia punctata* und *Physcia tenella*): häufig an Apfel, Ahorn, Birne, Esche, Ulme. L:6, F:5, R:5, N:5, To:6.
H: +++.

Candelariella xanthostigma
(Ach.) Lettau
Abbildungsmaßstab 16:1

M: Gelbe Krustenflechte mit körnigem Lager ohne Sorale, meist ohne Apothecien.
Lager besteht aus zerstreuten bis ± gedrängten, kleinen runden, berindeten Körnchen (bis 0,1 mm), die meistens auffallend regelmäßig verteilt sind, gelb (ohne Grünton), matt.
Apothecien selten (0,4 mm Durchmesser), gelb.

R: K−, C−, KC−, P−.
U: Unterschiede zu *C. reflexa* siehe dort. *C. efflorescens* zeichnet sich durch Sorediehäufchen aus, die zerstreut bis gedrängt stehen; die gröberen Körnchen von *C. xanthostigma* treten nicht zu Häufchen zusammen.
Ö: An nährstoffreichen Borken, daher tendenziell an der Stammbasis und an alten Bäumen zu finden (oft zusammen mit *Buellia punctata* und *Physcia tenella*): oft an Apfel, Ahorn, Esche, Ulme. L:7, F:3, R:5, N:4, To:6.
H: +++.

Cetraria chlorophylla

(Willd.) Vainio
Abbildungsmaßstab 2,2 : 1

M: Bräunliche Blattflechte mit krausen, relativ breiten Lappen und randständigen Soralen.
Lager 1–6 cm Durchmesser, deutlich (manchmal fast strauchartig) von der Borke abstehend, tief eingeschnitten. *Lappen* 1–3 × 0,2–0,8 cm, lederartig derb und biegsam, wellig-kraus aufsteigend, runzelig, an den Rändern mit weißgrauen Bortensoralen besetzt. *Oberseite* olivgrün bis braun, meist etwas glänzend, nach Befeuchtung grün. *Unterseite* blaßbraun bis weißlich (besonders zur Basis hin), netzig-runzelig, glänzend, mit wenigen, hellen, langen Rhizinen.
Apothecien sehr selten.
R: Lager K−, C−, KC−, P−.
U: Leicht mit bräunlichen Exemplaren von *Platismatia glauca* zu verwechseln. Diese ist aber in der Regel größer, verändert ihre Farbe nach Befeuchtung nicht wesentlich und ist auf der Unterseite am Rand braun, zum Zentrum oft schwarz. *Parmelia acetabulum* ist durch die großen, düster olivgrünen Lappen, das Fehlen von Soralen und positive chemische Reaktionen (z.B. Mark K+ rot), das häufige Auftreten von Apothecien und schwarzen Punkten auf dem Lager von *C. chlorophylla* zu unterscheiden. Sie ist eventuell noch mit anderen olivbraunen Parmelien zu verwechseln (*P. exasperatula, P. glabratula, P. subargentifera*); diese sind aber deutlich zierlicher und isidiös oder sorediös und liegen dem Substrat ± an.
Ö: Auf sauren Borken von Nadel- und Laubbäumen (v.a. Eichen, Eschen). Bevorzugt kühle Standorte höherer Lagen (in tieferen Regionen daher oft nur in Kaltluft-Einzugsgebieten). L:6, F:6, R:3, N:2, To:5.
H: ++.

Evernia prunastri
(L.) Ach. – Vgl. auch Abb. S. 114 links
Abbildungsmaßstab 2,3 : 1

M: Bandförmige, blaß grünliche bis gelbgrünliche Strauchflechte mit Soralen.
Lager strauchig-bandartig, mäßig verzweigt, oft runzelig. Ober- und Unterseite unterschiedlich gebaut und gefärbt: *Oberseite* graugrün bis gelbgrün, berindet. *Unterseite* weißlich, etwas rinnig, unberindet. *Oberseite* und *Ränder* mit körnig-mehligen, rel. hellen Soralen. *Apothecien* sehr selten.
R: Rinde K+ gelb, C−, KC−, P−.
U: Von den *beiderseits* graugrünlichen bis blaß grünlichen, etwas glänzenden *Ramalina*-Arten durch die unterschiedlich geartete Ober- bzw. Unterseite unterschieden; die Lager von *Evernia* sind zudem wesentlich weicher und schlaffer als die eher derb-knorpeligen von *Ramalina*. Von den nicht allzu selten vorkommenden grauen Mangelmutanten von *Evernia prunastri* ist *Pseudevernia furfuracea* durch die zylindrischen/korallinischen Isidien, *Anaptychia ciliaris* durch die feine Behaarung, die Borsten und das Fehlen von Soralen zu unterscheiden.
Ö: Die am weitesten verbreitete Strauchflechte an Laubbäumen. Bevorzugt mäßig nährstoffreiche bis nährstoffarme, leicht bis ziemlich saure Rinden in windexponierter, lichtreicher Lage (z. B. an Alleebäumen, wie Ahorn, Esche, Linde). L:7, F:3, R:3, N:3, To:5.
H: ++.

Hypocenomyce scalaris
(Ach. ex Lilj.) Choisy
Abbildungsmaßstab 9 : 1

M: Olivgraue bis bräunliche Krustenflechte mit schuppigem, sorediösem Lager.
Lager besteht aus vielen kleinen muschel- bis nierenförmigen Schüppchen, die dachziegelartig übereinander angeordnet sind (0,5–2 × 0,05–0,15 mm); die Schüppchen sind am Rand aufwärts gebogen und dort – wie auch auf der Unterseite – sorediös (Lippensorale). *Oberseite* ocker, braun, graubraun bis olivbraun, glatt, matt bis schwach fettig glänzend. *Unterseite* hell, matt, ohne Rhizinen. Sorale grau, weißlich oder gelbstichig.
Apothecien ziemlich selten, schwarz, blau bereift.
R: K−, C+ rot, KC+ rot, P−.
U: *H. caradocensis* ist weniger deutlich schuppig, nie sorediös und reagiert mit C− und KC−.

Ö: An saurer Borke, bevorzugt Koniferen und Eichen, geht aber in Gebieten mit sauren Luftverunreinigungen auch auf andere Bäume über. L:6, F:3, R:2, N:2, To:8.
H: ++.

Hypogymnia physodes
(L.) Nyl., mit *Parmelia saxatilis* (oben links), *Cetraria chlor.* (unten rechts)
Abbildungsmaßstab 3 : 1

M: Graue, mittelgroße Blattflechte, meist mit Lippensoralen an den Lappenenden.
Lager rosettig oder unregelmäßig wachsend (bis 5(–10) cm Durchmesser), locker anliegend. Lappen 5–15 × 1–3 mm, ± hohl, oft etwas gewölbt und wie aufgeblasen wirkend, Enden etwas aufsteigend und mit weißen Lippensoralen (aber jung noch anliegend und ohne Sorale). *Oberseite* hellgrau, oft leicht blaustichig grau, bei feuchtem Wetter (auch hoher Luftfeuchte) leicht grünstichig, zuweilen schwarzfleckig, matt bis glänzend, glatt. *Unterseite* dunkelbraun bis schwarz (lediglich an den Enden heller braun), runzelig, aufgeblasen, ohne Rhizinen.
Apothecien selten.
R: Mark und Sorale: K−, C−, KC± rot (meist undeutlich), P+ orange. Rinde: K+ gelb (später oft rotbraun), C−, KC+ gelb und schnell rotbraun, P−.
U: Die Hypogymnien sind von anderen Blattflechten durch die rhizinenlose, zentral schwarzbraune bis schwarze Unterseite und die „aufgeblasenen" Lappen zu unterscheiden. *H. tubulosa* zeigt mit P keine Reaktion, hat eher röhrenförmige, stärker aufsteigende Lappen mit Kopfsoralen an den Enden. *H. farinacea* ist ebenfalls P− und hat diffuse Flächensorale.
Ö: Sehr variable Art (je nach Standortbedingungen mit sehr unterschiedlicher Wuchsform). Bevorzugt saure (oder durch Immissionen angesäuerte) Borken. Eine der häufigsten Blattflechten. L:7, F:3, R:3, N:2, To:8.
H: +++.

Hypogymnia farinacea

Zopf
syn. *H. bitteriana* (Zahlbr.) Räsänen
Abbildungsmaßstab 2,8 : 1

M: Großlappige Blattflechte, meist ohne Apothecien, mit Soralen.
Lager rosettig oder unregelmäßig ausgebreitet, bis 5 cm Durchmesser, ± angepreßt. *Lappen* 1–3 mm breit, gewölbt (aber an den Enden flach). Lager dem von *Hypogymnia physodes* ähnlich, aber Lappen teilweise wulstig bis hirnartig-runzelig. Sorale nicht an den Enden der Lappen, sondern flächenständig (etwas isidiös). *Oberseite* grau, auch mit leicht bläulichem Stich.
Apothecien sehr selten.
R: Mark und Sorale: K−, C−, KC+ rot, P−!; Rinde: K+ gelb (später oft rotbraun), C−, KC+ gelb und schnell rotbraun, P−.
U: Die Hypogymnien sind von anderen Blattflechten durch die rhizinenlose, schwarzbraune, aufgeblasene Unterseite zu unterscheiden. Unterschiede zu *H. physodes*: *H. farinacea* zeigt mit P keine Reaktion, die Sorale sind diffus und flächenständig, das Lager ist stärker angepreßt. Unterschiede zu *H. tubulosa*: Bei dieser sind die Lappen eher röhrenförmig und stärker aufsteigend, sie hat an den Enden der Lappen Kopfsorale, *Hypogymnia farinacea* hat dagegen diffuse Flächensorale (bei Kümmerexemplaren mit abartig entwickelten Soralen nicht immer sicher von *H. tubulosa* zu unterscheiden, da die chem. Reaktionen bei beiden gleich sind).
Ö: Bevorzugt saure Borken (eher an Nadelbäumen). Hat höhere Feuchtigkeitsansprüche als die beiden anderen Hypogymnien. L:6, F:6, R:3, N:2, To:6.
H: +.

Hypogymnia tubulosa

(Schaerer) Hav.
Abbildungsmaßstab 2,1 : 1

M: Graue, tief geteilte Blattflechte mit endständigen Kopfsoralen.
Lager dem von *Hypogymnia physodes* ähnlich, aber *Lappen* teilweise röhrig, locker stehend, später aufgerichtet, 0,5–3 cm lang, 1–3 mm dick/breit. An den Enden der aufgerichteten Lappen befindet sich oft ein großes, weißliches Kopfsoral. *Oberseite* grau bis blaugrau, matt (nur soredienlose Lappenenden gelegentlich glänzend bräunlich). *Unterseite* wie bei *H. physodes*.
Apothecien sehr selten.
R: Mark und Sorale: K−, C−, KC+ rot, P−!; Rinde: K+ gelb (später oft rotbraun), C−, KC+ gelb und schnell rotbraun, P−.
U: Die Hypogymnien sind gegenüber anderen Blattflechten durch die rhizinenlose, schwarzbraune, aufgeblasene Unterseite charakterisiert. Unterschiede zu *H. physodes: H. tubulosa* zeigt mit P keine Reaktion und hat eher röhrenförmige, stärker aufsteigende Lappen und an den Enden der Lappen Kopfsorale. *Hypogymnia farinacea* hat diffuse Flächensorale (Kümmerexemplare mit schlecht entwickelten Soralen sind nicht immer sicher von *H. tubulosa* zu unterscheiden, da die chem. Reaktionen gleich sind).
Ö: Auf sauren (oder durch Immissionen angesäuerten) Borken. Kommt oft mit *H. physodes* zusammen vor, ist aber nicht so häufig. L:7, F:3, R:3, N:3, To:6.
H: ++.

Lecanora allophana

Nyl.
Abbildungsmaßstab 5 : 1

M: Weißliche Krustenflechte mit rotbraunen Apothecien mit Lagerrand. *Lager* gut entwickelt, dünn bis dicklich, uneben bis kräftig warzig, gelblichweiß bis grauweiß, meist nicht sorediös. *Apothecien* groß (0,5–2,5 mm), in der Regel dicht gedrängt, ältere Exemplare an der Basis eingeschnürt und etwas emporgehoben; *Scheibe* rein braun, rotbraun, dunkel rotbraun, etwas glänzend, flach oder unregelmäßig verbogen; *Rand* weiß, dick, bleibend, oft wellig verbogen und über die Scheibe gebogen, meist deutlich unregelmäßig gekerbt, mit kleinen Zähnchen oder Läppchen. Die sichere Unterscheidung von ähnlichen Arten ist nur mit Hilfe einer mikroskopischen Untersuchung von Dünnschnitten der Apothecien möglich: das *Epihymenium* zeigt im polarisierten Licht keine Kristalle (Pol−); die braune Färbung bleibt auch nach Zugabe von K erhalten, im Apothecienrand finden sich kleine Kristalle (Pol+). *Sporen* farblos, einzellig, 13–18 × 7–10 µm.

R: Lager K+ deutlich gelb, C−, KC−, P+ gelb.

U: Makroskopisch besonders mit *L. argentata* und *L. subrugosa*, weniger mit *L. chlarotera* im weiteren Sinn zu verwechseln. Die beiden erstgenannten haben das gleiche Epihymenium (Pol−, Färbung bleibt nach Zugabe von K), besitzen aber im Apothecienrand bzw. -mark große Kristalle (Pol+). *L. chlarotera* hat im Epihymenium kleine Kristalle (Pol+), die nach Zugabe von K verschwinden, und im Apothecienrand/-mark große Kristalle (Pol+); die Art hat außerdem in der Regel eine hell- bis schmutzigbraune Scheibe. Auch *L. pulicaris* gehört zur weiteren Verwandtschaft von *L. allophana*, ist aber leicht an der Rotfärbung des Apothecienrandes mit P zu unterscheiden.

Ö: Eutrophierte oder basenreiche Borken wie Spitzahorn, Esche, Walnuß, Pappel. L:7, F:3, R:6, N:4, To:3. **H:** +.

Lecanora argentata
(Ach.) Malme (incl. *L. subrugosa* Nyl.)
Abbildungsmaßstab 10 : 1

M: Grauweiße Krustenflechte mit dunkelbraunen bis dunkel rotbraunen Apothecien mit Lagerrand.
Lager weißlich bis grünlichweiß, am Rand glatt, zur Mitte hin uneben bis warzig, nicht sorediös, zuweilen mit schwarzem Vorlager.
Apothecien 0,4–0,9 mm, ziemlich dicht stehend; *Scheibe* dunkel braunrötlich bis dunkelbraun, unbereift; *Rand* oft dick, bleibend, nicht oder nur wenig gekerbt, berindet. Die sichere Unterscheidung von ähnlichen Arten ist nur mit Hilfe einer mikroskopischen Untersuchung von Dünnschnitten der Apothecien möglich: das *Epihymenium* zeigt im polarisierten Licht keine Kristalle (Pol−), die rotbraune Färbung bleibt auch nach Zugabe von K erhalten; im Ap.rand finden sich große Kristalle (Pol+), die in K unlöslich sind. Sporen einzellig, 12–15 × 6-9 μm.

R: Lager K+ deutlich gelb, C−, KC−, P+ gelblich.
U: Makroskopisch mit *L. allophana, L. subrugosa, L. rugosella* und *L. chlarotera* zu verwechseln. Die beiden Erstgenannten haben das gleiche Epihymenium (Pol−, Färbung bleibt nach Zugabe von K), *L. allophana* besitzt aber im Apothecienrand kleine Kristalle (Pol+). *L. subrugosa* unterscheidet sich lediglich dadurch, daß sie stark gekerbte Ränder aufweist (bei schlecht entwickelten Apothecien ist also eine Unterscheidung nicht möglich, sie werden daher hier zusammengefaßt). *L. chlarotera* (incl. *L. rugosella*) hat im Epihymenium kleine Kristalle (Pol+), die nach Zugabe von K verschwinden (der Apothecienrand enthält allerdings ebenfalls große Kristalle!), ferner in der Regel eine hell- bis schmutzigbraune Apothecienscheibe. *L. pulicaris* ähnelt *L. argentata*, der Apothecienrand reagiert aber mit P rot.
Ö: V.a. an Ahorn, Esche, Pappel. L:5, F:4, R:5, N:3, To:4.
H: +.

Lecanora carpinea
(L.) Vainio, mit *Lecidella elaeochroma* (schwarze Apothecien)
Abbildungsmaßstab 9 : 1

M: Graue Krustenflechte mit Apothecien, ohne Sorale.
Lager weiß bis weißgrau, dünn, glatt bis körnig, nicht sorediös.
Apothecien 0,5–1,5 mm, oft gedrängt stehend und durch gegenseitigen Druck kantig, das Lager häufig ganz verdekkend; *Scheibe* weißlich bis bleigrau bereift, unter dem Reif ocker, blaß bräunlich bis grauweiß, flach bis schwach gewölbt; *Rand* dünn, glatt, später manchmal fast verschwindend, berindet. *Sporen* einzellig, 9–14 × 5–7 µm.
R: Lager (v.a. Apothecienrand) K+ gelb, C−, KC−, P± leicht gelblich; Apothecienscheibe: C+ gelb.
U: Durch die Gelbfärbung der Apothecienscheibe nach Zugabe von C ist *L. carpinea* gut von anderen *Lecanora*-Arten zu unterscheiden. Auch die starke Bereifung und die sich oft (nicht immer) gegenseitig verformenden Apothecien sind gute Unterscheidungsmerkmale. Eine Verwechslung ist mit der allerdings wesentlich selteneren *L. subcarpinea* Szat. möglich, die die gleiche Reaktion mit C zeigt. Sie hat aber einen **un**berindeten Apothecienrand, der mit P+ orangegelb bis orange reagiert (bei *L. carpinea* P− bis P+ leicht gelblich). *L. pallida* kann sehr ähnlich aussehen; Lager und Apothecienscheibe reagieren aber mit P+ rot, nicht jedoch mit C.
Ö: An Straßenbäumen, in Obstgärten. Bevorzugt glatte Borken (besiedelt daher auch Zweige und Äste). V.a. an Ahorn, Esche, Walnuß (in Wäldern an Hainbuche). L:6, F:3, R:5, N:3, To:5.
H: ++.

Lecanora chlarotera
Nyl. incl. L. rugosella Zahlbr.
Abbildungsmaßstab 5 : 1

M: Grauweiße bis hellgraue Krustenflechte mit hellbraunen bis schmutzig braunen oder beigen Apothecien mit Lagerrand.
Lager weißlich bis (grünlich)grau, auch etwas gelbstichig, glatt bis warzig, meist deutlich abgegrenzt.
Apothecien 0,5–1,5 mm, meist gedrängt, sitzend; *Scheibe* in der Regel nicht rein braun, sondern sehr blaß braun, rosabraun, mißfarben rosa, graubraun (durch Parasitenbefall oft schwärzlich verfärbt), nicht bereift, kaum glänzend (Achtung: Manche Formen haben zuweilen dunkelbraune Scheiben und sind dann nur mikroskopisch von ähnlichen Lecanoren zu unterscheiden); *Rand* berindet, dicklich, selten kreisrund, sondern oft verbogen, nicht bis deutlich gekerbt oder warzig. *Epihymenium* nicht rein braun, sondern farblos bis mißfarben braun und mit kleinen Körnchen durchsetzt (Pol+); Färbung und Körnchen verschwinden bei Zugabe von K). *Sporen* einzellig, 11–13 × 6–7,5 µm.
Im Mikroskop sind im Apothecienrand und -mark große graue Kristallhaufen zu erkennen (Pol+), die nach Zugabe von K nicht verschwinden.
R: K+ gelb, C–, KC–, P– (oder Apothecienrand schwach gelblich).
U: Makroskopisch mit *L. allophana, L. argentata* und *L. subrugosa* zu verwechseln, die jedoch ein andersartiges Epihymenium haben (ohne kleine Kristalle: Pol–; Färbung bleibt nach Zugabe von K); sie haben außerdem in der Regel eine rein dunkelbraune bis rotbraune Apothecienscheibe. *L. allophana* besitzt im Apothecienrand kleine Kristalle (Pol+). *L. pulicaris* kann leicht mit Hilfe der roten P-Reaktion des Apothecienrandes erkannt werden.
Ö: Sehr variabel. Dringt als Kulturfolger und wegen ihrer relativ geringen Empfindlichkeit gegenüber Luftverunreinigungen bis in die Ballungsräume vor. L:6, F:3, R:6, N:4, To:6. **H:** ++.

Lecanora conizaeoides

Nyl. ex Crombie
Abbildungsmaßstab 9 : 1

M: Graugrüne, sorediöse Krustenflechte, meist mit Apothecien.
Lager manchmal dünn und reduziert, oft aber dick, körnig-warzig, meistens sorediös, gelblich graugrün (jung heller gelblichgrün).
Apothecien 0,4–1,2 mm; *Scheibe* blaßgrau, schmutzig graugrün bis hell bräunlich (bei Parasitenbefall oft dunkel), meist unbereift, konkav bis ± flach; *Rand* glatt oder mitunter sorediös, oft lagerfarben, kaum wellig, berindet. Das *Epihymenium* ist nicht rein braun, sondern farblos bis mißfarben braun und mit kleinen Körnchen versehen (Pol+); Färbung und Körnchen verschwinden bei Zugabe von K. Die Sporen sind farblos, einzellig, 11–13 × 6–7,5 µm.
R: K+ gelb(lich) bis K−, C−, KC−, P+ deutlich orangerot.
U: Bereits makroskopisch infolge der Rotfärbung von Lager, Soralen und Apothecienrand nach P-Zugabe leicht von den meisten Lecanoren zu unterscheiden. Eventuell mit *L. varia* zu verwechseln, wenn *L. conizaeoides* ohne Sorale und gelblich ist. *L. varia* reagiert mit P in der Regel intensiv gelb, hat einen dicken, etwas glänzenden, fast immer welligen Apothecienrand, der oft über die Scheibe gebogen ist, und ein grüngelbes, ± warziges, oft etwas glänzendes Lager. Steril eventuell mit anderen sterilen Krustenflechten (z. B. *L. expallens*) zu verwechseln, die aber mit P nicht rot reagieren.
Ö: Die häufigste Flechte in luftverschmutzten Gebieten. Verträgt extrem niedrige Borken-pH-Werte. Besiedelt alle Baumarten, sofern die Borke sauer genug ist (entweder natürlich oder immissionsbedingt). Geht bei abnehmender Versauerung und stärkerer Eutrophierung der Borken zurück. Wird oft von Parasiten befallen, was zu fahl braunen, kreisrunden Absterbeerscheinungen im Lager führen kann. L:7, F:3, R:2, N:X, To:9. **H:** +++.

Lecanora expallens

Ach.

Abbildungsmaßstab 4 : 1

M: Gelbgrüne, großflächig sorediöse Krustenflechte.

Lager blaß gelblich bis blaß grünlich, zunächst mit begrenzten, 0,1–0,3 mm großen, konkaven Soralen. Diese fließen bald zu einer durchgängig mehlig-sorediösen, oft rissig-gefelderten (areolierten) Kruste zusammen.

Apothecien selten, unscheinbar, 0,4–0,8 mm, mit bräunlicher bis grünlicher Scheibe.

R: K+ gelb, C+ orange (diese Reaktion ist oft nur schwach gelb-orange), KC+ orange bis rosarot, P−.

U: *Pyrrhospora quernea* ist ähnlich und reagiert mit C+ orange, ist aber etwas dunkler gefärbt (mit Stich ins Bräunliche, Ocker), hat meist ein schwarzes Vorlager und ihre Soredien sind gröber als die von *L. expallens*; diese Art ist jedoch selten. Sterile und junge (gelbgrüne) Exemplare von *L. conizaeoides* sind durch die P-Reaktion (Rotfärbung) sicher von *L. expallens* zu unterscheiden. Dem blau- bis grünstichig weißlichen Lager von *Lepraria incana* fehlt der Gelbgrün-Ton sowie die positive C-Reaktion, es ist außerdem von Anfang an einheitlich leprös, d.h. aus feinen Soredien, zusammengesetzt.

Ö: Eine häufige Flechte in luftverschmutzten Gebieten. Besiedelt alle Baumarten, sofern der Standort genügend Licht bietet und nicht zu feucht ist. L:5, F:3, R:4, N:4, To:9.

H: +++.

Lecanora hagenii-Gruppe

L. hagenii auct. (abgebildet), *L. persimilis* (Th. Fr.) Nyl., *L. sambuci* (Pers.) Nyl. – oben (grau): *Physcia adscendens*
Abbildungsmaßstab 10 : 1

M: Krustenflechten mit kleinen braunen, auch bereiften Apothecien.
Lager weißlich, grau oder leicht bräunlich, dünn, oft kaum entwickelt, nicht sorediös.
Apothecien sehr klein, meist bis 0,6 mm, selten bis ca. 0,8 mm, vereinzelt stehend bis gedrängt und sich gegenseitig berührend (dadurch entstehen eckige Formen); *Scheibe* braun, bei einigen Arten ± stark bereift, flach bis konkav; *Rand* meist glatt, seltener (mitunter bei *L. hagenii*) gekerbt; bei einigen Arten weiß bereift, berindet.
R: K–, C–, KC–, P–.
U: Eine Unterscheidung zu anderen Lecanoren mit braunen Apothecien ist mit Hilfe der fehlenden K-Reaktion möglich (bei den Arten der *Lecanora-subfusca*-Gruppe, mit denen die hier genannten zu verwechseln sind, zeigt das Lager nach K-Zugabe eine ± deutliche Gelbfärbung). Ein zweites Unterscheidungsmerkmal ist die Kleinheit der Apothecien der *L. hagenii*-Gruppe (0,2–0,8 mm Durchmesser). Da aber junge Exemplare der *L. subfusca*-Gruppe ebenfalls noch kleine Apothecien haben, müssen beide Merkmale zur Abgrenzung herangezogen werden (auch die übrigen Tüpfelreaktionen müssen negativ sein). Die Unterscheidung gegenüber der größerfrüchtigen, in der Regel auf Gestein vorkommenden *L. dispersa* ist noch nicht befriedigend geklärt.
Ö: Teilweise häufige Flechten, auch in luftverschmutzten Gebieten. An nährstoffreichen, eutrophierten, aber auch nicht eutrophierten, dann aber basenreichen Borken (Apfel, Esche, Holunder, Linde, Pappel, Weiden). L:6, F:3, R:8, N:6, To:8 (ökologische Zeiger-Werte von *L. hagenii*). **H:** ++.

Lecanora pulicaris
(Pers.) Ach.
Abbildungsmaßstab 10,5 : 1

M: Grauweiße Krustenflechte mit braunen bis (braun)schwarzen Apothecien mit Lagerrand.
Lager dünn, glatt bis körnig, weißlich bis hellgrau, bisweilen fast ganz von den Apothecien verdeckt, nicht sorediös.
Apothecien 0,4–1,5 mm, rundlich bis kantig; *Scheibe* dunkel rotbraun, schwarzbraun, auch schwarz (im Schatten auch ziemlich hell), matt, unbereift, flach bis mäßig gewölbt; *Rand* gut entwickelt, bleibend, meist glatt (selten etwas warzig), selten wellig, berindet. *Sporen* einzellig, 12–15 × 7–8 µm.
R: Lager K+ gelb oder schwach gelb (kann nach einigen Minuten auch orange bis rot werden), C−, KC−, P+ (schwach gelb, später rot), Scheibe: K−, C−, KC−, P−; Apothecienrand: P+ orangerot.
U: Makroskopische Unterscheidungsmerkmale zu anderen Lecanoren: eine Orange- bis Rot-Färbung des Apothecienrandes nach P-Zugabe tritt nur bei *L. conizaeoides, L. subcarpinea, L. pallida* und *L. intumescens* auf.
Bei *L. pallida* ist die Scheibe stark weiß bereift und reagiert P+ rot. Am ähnlichsten ist *L. intumescens*; bei ihr ist der Apothecienrand unberindet (im Schnitt nicht deutlich gegen die Algenschicht abgegrenzt) und reagiert mit P+ orange, nicht rot. Außerdem bevorzugt *L. intumescens* Waldbäume mit glatter Rinde, während *L. pulicaris* eher an lichtreichen Standorten vorkommt.
Ö: Häufige Art der *Lecanora-subfusca*-Gruppe. Bevorzugt glatte Rinden (daher oft auch an Zweigen und Ästen). Auf Buche, Erle, Esche, Linde, Pappel, selten auf Eiche. L:7, F:3, R:2, N:3, To:6.
H: ++.

Lecanora saligna

(Schrader) Zahlbr.
Abbildungsmaßstab 15 : 1

M: Krustenflechte mit gelbbraunen bis braunroten Apothecien mit gelblichem Lagerrand.
Lager häufig großflächig ausgebreitet (bis über 5 cm), schlecht begrenzt, meist unauffällig, aus unregelmäßig angeordneten oder zusammenhängenden Körnchen bestehend, gelbgrau bis grau.
Apothecien zahlreich, klein (0,2 bis 0,8 mm), häufig dicht gedrängt und dann sich gegenseitig abplattend; *Scheibe* gelbbraun, orange-braun, braun, gelb- bis braunrot, lange flach und deutlich berandet bleibend (erst alte Exemplare wölben sich und der Rand tritt zurück), selten leicht bereift. Apothecienrand blaß gelblich bis grünlich, glatt bis gekerbt, relativ dünn, im Alter noch dünner werdend und fast verschwindend, berindet. *Sporen* farblos, einzellig, 8–13 × 4–7 µm.
R: K−, C−, KC−, P−.

U: Die dichtgedrängten, bald gewölbten, orangebraunen Scheiben mit bald zurücktretendem Rand sind typische Merkmale der Art. Bei jungen, noch nicht charakteristischen Exemplaren ist eine Verwechslung mit *L. conizaeoides* eventuell möglich (beide haben einen gelbgrünen Ton). Da *L. conizaeoides* mit P+ rot reagiert, sind beide leicht zu unterscheiden. *L. symmicta* zeigt frühzeitig hoch gewölbte Scheiben und ist dann völlig randlos (was bei *L. saligna* nicht auftritt). Nicht ausgeschlossen ist eine Verwechslung mit *L. hagenii*, die bleibend flache Scheiben und einen weißlichen Rand hat.
Ö: Die Art zeigt deutliche Ausbreitungstendenzen und findet sich bevorzugt auf Pappel. L:7, F:3, R:4, N:4, To:6.
H: +++.

Lecidella elaeochroma

(Ach.) Choisy
Abbildungsmaßstab 7 : 1

M: Krustenflechte mit schwarzen Apothecien mit Eigenrand und weißlichem bis olivgrauem oder gelblichem Lager. *Lager* weißlich, grau, graugrünlich, oliv, gelblich, häufig durch Schneckenfraß beschädigt und dann grünlich, glatt bis körnig, oft schwach glänzend, oft durch schwarzes Vorlager begrenzt, mitunter sorediös. Einzellager 1–3 cm Durchmesser.
Apothecien 0,4–1,0 mm, zerstreut bis gedrängt, bei sorediösen Lagern oft fehlend; *Scheibe* schwarz bis dunkel rotbraun, sehr selten bereift, flach bis stark gewölbt (v.a. bei alten Lagern), nicht selten deformiert; *Rand* schwarz, glatt (im Alter zuweilen schwindend). *Sporen* einzellig, 10–16 × 6–9 μm.
R: Lager K+ gelblich bis (K−), C+ orange bis C−, KC+ gelb, P−.
U: Diese Art ist sehr formenreich; einige dieser Formen sind auch als Arten beschrieben worden; sie unterscheiden sich z.B. in ihrer Reaktion auf C oder im Auftreten von Öltröpfchen im Hymenium. Unterschiede zu *Buellia punctata*: Letztere hat kleinere Apothecien (0,2–0,6 gegenüber 0,4–1 mm), ein in der Regel undeutlicheres, mattes, nie mit K− und C− reagierendes Lager ohne schwarzes Vorlager und braune, zweizellige Sporen (Quetschpräparat genügt). Beide sind verbreitet, *Lecidella* bevorzugt glatte Rinden, *Buellia* dagegen alte, eutrophierte Bäume.
Ö: Vorwiegend auf glatten Rinden (v.a. an junger Esche, Walnuß und Hainbuche); L:6, F:3, R:6, N:4, To:6.
H: + (in Süddeutschland ++).

Lepraria incana

(L.) Ach.
Abbildungsmaßstab 3,7 : 1

M: Grauweiße, durchgehend sorediöse Krustenflechte ohne Apothecien.
Lager völlig sorediös aufgelöst, weißgrau, grün- bis blaustichig weiß, diffus begrenzt, Soredien um 50–125 μm.
R: Lager K−, C−, KC−, P−.
U: Habituell nicht sicher von anderen Arten der Gattung zu trennen. Zur Unterscheidung ist Dünnschichtchromatographie nötig. Ein recht gutes Mittel, diese Art zu bestimmen, ist das weiße Aufleuchten des Lagers im UV-Licht. Sterile und junge (gelbgrüne) Exemplare von *L. conizaeoides* sind durch die Rotfärbung mit P sicher von *Lepraria* zu unterscheiden. *Lecanora expallens* färbt sich mit C+ orange. Beide Arten sind oft auch eher gelbgrün, während *Lepraria* meist einen bläulichen Stich aufweist.
Ö: Eine häufige Flechte (und die häufigste *Lepraria*-Art) in luftverschmutzten Gebieten, bevorzugt luftfeuchte, beschattete Standorte, meidet direkte Beregnung und findet sich daher häufig in Borkenrissen. Besiedelt alle Baumarten mit niederem pH-Wert. L:4, F:3, R:3, N:3, To:9.
H: +++.

Ochrolechia turneri

(Sm.) Hasselrot
Abbildungsmaßstab 5,3 : 1

M: Graue, sorediöse Krustenflechte, ohne Apothecien.
Lager weißlichgrau bis grau, vor allem im Randbereich berindet, aber bald sorediös aufbrechend, die Sorale fließen in der Lagermitte zusammen. *O. turneri* hat ein mäßig dickes, rissiges Lager mit warzenartigen Erhebungen, am Rand befinden sich meist gut begrenzte Sorale, während bei der ähnlichen *Ochrolechia microstictoides* (siehe unten) das Lager meist kaum deutlich begrenzte Sorale aufweist. Sorale weißlich bis cremefarben.
R: Lager K−, C−, KC−, P−.
U: Sehr ähnlich ist ***Ochrolechia microstictoides*** Räsänen, die nur chemisch sicher unterschieden werden kann und in der Regel stärker flächig sorediös aufgelöst ist. Sie kommt aber kaum auf freistehenden Bäumen, sondern mehr in Wäldern vor. Für Kartierungszwecke kann sie mit *O. turneri* zusammengefaßt werden. Die ähnliche (und häufigere) *Phlyctis argena* reagiert mit K+ rot. *Buellia griseovirens* hat in der Regel grünlichgraue, zumindest anfangs regelmäßig rundliche bis ovale Sorale und reagiert mit K und P+ gelb. *Pertusaria albescens* und *P. amara* haben große (meist > 3 mm) runde, scharf begrenzte Sorale, die bei letzterer bitter schmecken und mit KC+ rotviolett reagieren.
Ö: Vorwiegend auf Laubbäumen mit leicht eutrophierten Rinden (vor allem Birne, Eiche, Linde, Pappel). L:7, F:3, R:5, N:4, To:4.
H: ++.

Parmelia acetabulum

(Necker) Duby, syn. *Pleurosticta acetabulum* (Necker) Elix & Lumbsch
Abbildungsmaßstab 0,9 : 1
Vgl. auch Umschlagfoto

M: Düster grüne, großlappige Blattflechte, oft mit Apothecien, weder sorediös noch isidiös.

Lager bis 15 cm im Durchmesser, rosettig oder unregelmäßig wachsend, ± lokker anliegend. *Lappen* großblättrig (bis 10 × 3–10 mm); lederartig, ziemlich dick, aneinanderschließend oder sich deckend, am Rand gewöhnlich aufgebogen. *Oberseite* düster grün, graugrün, olivgrün, bräunlichgrün (feucht-öliggrasgrün), matt und oft grau bereift, ältere Lappen – v.a. in der Lagermitte – deutlich querrunzelig. Ohne Isidien und Sorale. *Unterseite* in der Mitte schwarz bis braunschwarz, mit einfachen Rhizinen, am Rande hellbraun bis rosabraun und dort ohne Rhizinen.

Apothecien häufig, sehr groß (0,5–2,5 cm), jung regelmäßig rund, schüsselförmig, später verbogen, *Scheibe* braun, unbereift, erst konkav, später auch schwach gewölbt, wellig, uneben. Rand lagerfarben, dick und eingebogen, warzig.

R: Rinde an hellen Stellen K+ gelb bis braun, C−, KC−, P−; Mark K+ gelb, dann rot, C−, KC+ sofort blutrot, P+ gelb dann langsam orange.

U: Durch die großen, düster olivgrünen Lappen ohne Isidien und Sorale gut charakterisiert. Ähnlich ist *Parmelia glabra*, die aber rotbraun bis braun, selten olivbraun gefärbt ist und fast nur im Alpenbereich vorkommt (Mark K−). Andere olivgrün-braune Parmelien (*P. exasperatula / glabratula / subargentifera*) sind deutlich zierlicher und isidiös oder sorediös. *Certraria chlorophylla* besitzt Bortensorale und zeigt im Tüpfeltest keine Reaktionen.

Ö: Auf nährstoffreichen, zumindest basenreichen, meist rissigen Borken (z. B. Apfel, Ahorn, Esche, Linde, Pappel, Ulme). L:7, F:3, R:7, N:5, To:6.

H: ++.

Parmelia caperata

(L.) Ach.
syn. *Flavoparmelia caperata* (L.) Hale
Abbildungsmaßstab 1,5 : 1

M: Gelblichgrüne, großlappige Blattflechte mit Soralen.
Lager bis 12 cm im Durchmesser, rosettig oder unregelmäßig wachsend, ± eng anliegend, im Zentrum manchmal etwas aufsteigend. *Lappen* großblättrig (bis 10 mm breit), abgerundet und oft gekerbt, aneinanderschließend oder sich deckend (v.a. im Zentrum), am Rand kaum aufsteigend. *Oberseite* gelblichgrün (ältere Lappen – v.a. im Schatten – häufig grüngrau); in der Lagermitte oft deutlich querrunzelig, mit grobkörnigen bis warzigen unregelmäßigen *Flecksoralen*, die zuerst punktförmig sind, in älteren Lagerpartien aber auch größere Flächen bedecken können. *Unterseite* schwarz, matt, jedoch am Rand mit einer ca. 2 mm breiten kastanienbraunen, glänzenden, rhizinenlosen Zone.

R: Rinde K± gelblich, C–, KC+ gelb, P–; Mark und Sorale K–, C–, KC± rot, P+ orangegelb bis rot.
U: Durch die helle (gelblichgrüne) Farbe von anderen Parmelien zu unterscheiden, mit Ausnahme der ähnlich gefärbten *Parmelia flaventior*, die jedoch Pseudocyphellen besitzt und im Mark mit C+ rot reagiert.
Parmeliopsis ambigua hat wesentlich schmalere, fast lineale Läppchen, die dicht angedrückt und gegen das Zentrum des Lagers stark sorediös sind.
Ö: An mäßig bis ziemlich sauren Borken freistehender Laubbäume (Esche, Eiche, Hainbuche, Linde). L:6, F:4, R:4, N:3, To (unbeschädigt oder kaum beschädigt):3.
H: ++.

Parmelia flaventior

Stirton, syn. *Flavopunctelia flaventior* (Stirton) Hale, mit *P. sulcata* (unten)
Abbildungsmaßstab 2 : 1

M: Gelbgrüne, großlappige Blattflechte mit Soralen und Pseudocyphellen.
Lager bis 10 cm im Durchmesser, rosettig oder unregelmäßig wachsend, anliegend, im Zentrum manchmal aufsteigend. *Lappen* breit (bis 10 mm), abgerundet und oft gekerbt, aneinanderschließend oder einander überlappend (v.a. im Zentrum), am Rand etwas aufsteigend. *Oberseite* gelblich grüngrau (ältere Lappen – v.a. bei schattig wachsenden Exemplaren – häufig grüngrau), netzig-runzelig, mit Pseudocyphellen (v.a. auf den Runzelleisten), mit gelbgrünlichen bis weißlichen Rand- und Flächen-*Soralen*. *Unterseite* schwarz, matt, jedoch am Rand mit einer ca. 2 mm breiten kastanienbraunen, glänzenden, rhizinenlosen Zone.
R: Rinde K± gelblich, C−, KC+ gelb, P−; Mark und Sorale K−, C+ rot (Mark), KC+ rot, P+ orangegelb bis rot.
U: Durch die gelblichgrüne bis blaß (grau)gelbliche Farbe von anderen Parmelien zu unterscheiden, ausgenommen *P. caperata*, die keine (oder sehr undeutliche) Pseudocyphellen besitzt und im Mark mit C nicht reagiert. *Parmeliopsis ambigua* besitzt wesentlich schmalere Läppchen, die dicht angedrückt und stark sorediös sind.
Ö: V.a. an mäßig nährstoffreichen Borken freistehender Laubbäume. L:7, F:2, R:4, N:5, To:6.
H: +.

Parmelia exasperatula

Nyl.
syn. *Melanelia exasperatula* (Nyl.) Essl.
Abbildungsmaßstab 6 : 1

M: Glänzend olivbraune bis braune Blattflechte mit keuligen bis spatelförmigen Isidien.
Lager nur wenige cm groß (bis ca. 4 cm); ± dicht anliegend, am Rand aufsteigend. *Lappen* papierartig dünn, 2–5 × 2–5 mm, an den Enden gerundet. *Oberseite* braun bis olivbraun, seltener oliv, feucht olivgrün, junge Teile stark glänzend, stets mit zerstreuten bis dicht gedrängten, glänzenden *Isidien*, diese an den Enden verdickt, keulig bis abgeflacht (spatelförmig), ± hohl. *Unterseite* blaß (beige bis rosabraun) oder in der Mitte schwärzlich und matt, gegen den Rand zu olivbräunlich und glänzend. Rhizinen bis zum Rand.
Apothecien selten, braun, 2–3 mm breit.
R: Mark K−, C−, KC−, P−.
U: Durch die kräftigen, keulen- bis spatelförmigen, hohlen Isidien von den anderen braunen bis olivbraunen Parmelien zu unterscheiden. Die ähnlichste Art ist *P. elegantula*, die jedoch durch zylindrische (bis verzweigte), oben nicht verdickte Isidien zu unterscheiden ist. Die seltene *P. exasperata* hat regelmäßig verteilte konische, an der Spitze vertiefte Wärzchen; diese normalerweise fruchtende Art bleibt schon in mäßig belasteten Gebieten steril. Die übrigen wichtigen braunen Parmelien haben ein mit C+ rot reagierendes Mark, so *P. glabratula*, die durch zarte, zylindrische Isidien ausgezeichnet ist, und die sorediösen *P. subargentifera / subaurifera*.
Ö: V.a. auf nährstoffreichen Borken freistehender Laubbäume (Apfel, Ahorn, Esche, Pappel, Ulme, Weide). L:7, F:3, R:5, N:4, To:6.
H: ++.

Parmelia glabratula
(Lamy) Nyl.
in feuchtem Zustand
(syn. *Melanelia glabratula* (Lamy) Essl.; einschl. *P. glabratula* ssp. *fuliginosa* (Fr. ex Duby) Laundon)
Abbildungsmaßstab 4,7 : 1

M: Olivfarbene bis braune, seltener olivgrüne, mittelgroße Blattflechte mit feinen zylindrischen Isidien.
Lager nur wenige cm groß (bis ca. 5 cm), ziemlich dicht anliegend rosettenförmig bis unregelmäßig. *Lappen* papierartig dünn, 2–3 mm breit, flach, länglich. *Oberseite* olivbraun bis rotbraun, junge Teile stark glänzend, ohne Sorale, stets mit meist dicht gedrängten *Isidien*, diese zart, solid, zylindrisch bis korallin verzweigt (wenn die Isidien abgeschabt sind, sieht das Lager sorediös aus. *Unterseite* schwarz, mit einfachen Rhizinen bis zum Rand.
R: Mark K− (selten K+ violett), C+ rot, KC+ rot, P−.

U: Durch die olivbraune Farbe, die papierartig dünnen Lappen, die zarten zylindrischen bis korallinen Isidien und die rote C-Reaktion charakterisiert. Unter den braunen Parmelien am leichtesten zu verwechseln ist *P. elegantula*, die sehr ähnliche Isidien besitzt, aber meist eine helle Unterseite und eine negative C-Reaktion aufweist, *P. exasperatula* hat kräftige, oben deutlich verdickte Isidien, *P. exasperata* kurze, an der Spitze vertiefte Wärzchen. Auch bei diesen beiden reagiert das Mark mit C nicht rot. *P. subargentifera/subaurifera* haben zwar eine positive C-Reaktion, sie sind aber sorediös und das Mark reagiert mit K nie violett.
Ö: Vorwiegend an glatten, sauren, mäßig nährstoffreichen Rinden, kommt an schattigeren und feuchteren Standorten vor als *Parmelia exasperatula*. L:5, F:4, R:3, N:3, To:5.
H: ++.

Parmelia glabra
(Schaerer) Nyl.
syn. *Melanelia glabra* (Schaerer) Essl.
Abbildungsmaßstab 3 : 1

M: Braune, großlappige Blattflechte mit Apothecien, weder sorediös noch isidiös.
Lager rosettig, groß (bis 10 cm). *Lappen* kräftig, 2–5 mm breit, wellig, an den Rändern oft aufgebogen. *Oberseite* braun, rotbraun, dunkelbraun, seltener olivbraun, an jungen Teilen mit feinen, hellen Härchen besetzt (Lupe!).
Apothecien häufig, bis 15 mm, mit (rot-) brauner Scheibe und gekerbtem, über die Scheibe gebogenem, fein behaartem Rand, alt oft deformiert. *Unterseite* schwarz, am Rand hellbraun, mit einfachen Rhizinen bis zum Rand.
R: Rinde K−, C−, KC−, P−; Mark C+ rot.
U: Von der ähnlichen *Parmelia acetabulum* durch die feinen Haare, die (dunkel) braune Farbe und die unterschiedlichen chemischen Reaktionen (siehe dort) zu unterscheiden. Andere braune bis olivbraune Parmelien haben Isidien und/ oder Sorale oder sind mit konischen Wärzchen bedeckt.
Ö: V.a. an Ahorn und Esche. L:7, F:7, R:6, N:5, To:-.
H: + (nur im Alpenbereich und Alpenvorland vorkommend).

Parmelia saxatilis
(L.) Ach.
Abbildungsmaßstab 3,3 : 1

M: Graue, großlappige Blattflechte mit zylindrischen bis korallenartigen Isidien. *Lager* bis 8 cm, rosettig, anliegend. *Lappen* (5–20 × 1–4 mm), ± flach. *Oberseite* aschgrau, bläulichgrau (an den Rändern oft bräunlich), matt, unbereift, stellenweise oder völlig mit unregelmäßigen, weißlichen, leicht erhabenen Netzadern bedeckt („netzige" Oberfläche v.a. an jungen Lappen); später bricht dort die dünne Rinde auf und die Grate werden isidiös. Bei älteren Exemplaren ist das gesamte Zentrum mit Isidien besetzt. *Isidien* zylindrisch bis korallenförmig, lagerfarben oder mit braunen Spitzen. *Unterseite* schwarz, am Rand dunkelbraun, bis zum Rand mit einfachen bis gabeligen, schwarzen Rhizinen besetzt.
R: Rinde K+ gelb; Mark K+ gelb, später langsam orange bis rot werdend, C−, KC+ orange, P+ gelb und sofort orangerot.

U: Merkmale anderer grauer Parmelien: *P. sulcata* besitzt ebenfalls eine netziggratartige Oberfläche, ist aber sorediös. *P. tiliacea, P. pastillifera* und *Imshaugia aleurites* haben zwar ebenfalls Isidien, aber auf der Oberseite keine netzig-gratartigen Verunebnungen (die letztgenannte ist auch viel kleiner). *P. subrudecta* hat gewöhnlich eine hellbraune bis rosabraune Unterseite, rundliche Fleck- und längliche Bortensorale und punkt- bis fleckartige Pseudocyphellen, kein Pseudocyphellennetz.
Ö: Bevorzugt Bäume mit sauren Borken (natürlich oder anthropogen versauert). L:6, F:5, R:3, N:2, To:7.
H: ++.

Parmelia subrudecta

Nyl.
syn. *Punctelia subrudecta* (Nyl.) Krog
Abbildungsmaßstab 2,1 : 1

M: Graue, mittelgroße Blattflechte mit rundlichen Flecksoralen und Bortensoralen und heller Unterseite.
Lager bis 5 cm, rosettig, *Lappen* (bis 10 × 2–5 mm), flach, an den Rändern oft aufsteigend. *Oberseite* hell- bis bläulichgrau, an den Rändern oft auch bräunlich, unbereift, glatt, stellenweise mit punktförmigen bis elliptischen, weißlichen Erhebungen (Pseudocyphellen) bedeckt, die später zu Soralen aufbrechen. *Sorale* meist fleckförmig, sowohl flächenständig als auch auf die Ränder übergreifend (Bortensorale). *Unterseite* hellbraun bis weißlich, selten (bis zum Rand) braungrau bis dunkelgrau, mit einfachen Rhizinen.
Apothecien sehr selten.
R: Rinde K+ gelb; Mark/Sor. K−, C+ rot, KC+ rot, P−.

U: Andere graue Parmelien, mit denen *P. subrudecta* verwechselt werden kann, haben stets eine schwarze, allenfalls randlich braune Unterseite; *P. sulcata* hat eine durch vernetzte gratartige Erhebungen unebene Oberfläche, ihre Sorale sind (zumindest teilweise) strichförmig länglich und entstehen auf den Graten. *P. saxatilis* (mit „netziger“ Oberseite wie *P. sulcata*) und *P. tiliacea* / *P. pastillifera* (mit glatter Oberseite) sind isidiös, nicht sorediös. Gestaltlich recht ähnlich ist die normalerweise deutlich gelbliche, aber mitunter grünlichgraue *P. flaventior*. Sie hat jedoch eine schwarze Unterseite (ausgenommen Randzone) und strichförmige Pseudocyphellen.
Ö: An eher sauren Borken freistehender Laubbäume. L:7, F:3, R:4, N:3, To:6.
H: ++.

Parmelia sulcata

Talyor

Abbildungsmaßstab 1,8 : 1

M: Graue, mittelgroße Blattflechte mit langgestreckten Lappen und länglichen Soralen.

Lager bis 8 cm, rosettig oder meist unregelmäßig. *Lappen* (5–20 × 1–5 mm), flach. *Oberseite* grauweiß bis grau, gelegentlich weißlich bereift, matt, stellenweise oder völlig mit unregelmäßigen, weißlichen, erhabenen Netzadern (Pseudocyphellen) bedeckt (netzig-gratige Oberfläche v.a. an jungen Lappen). *Sorale* auf den Netzadern entstehend, länglich bis (seltener) oval, auch an den Rändern; bei älteren Exemplaren kann das gesamte Zentrum mit Soralen besetzt sein. *Unterseite* schwarz, am Rand dunkelbraun, bis zum Rand mit einfachen bis gabeligen, schwarzen Rhizinen besetzt.

Apothecien selten.

R: Rinde K+ gelb; Mark K+ gelb, später langsam orange bis rot werdend, C–, KC+ orange, P+ gelb und sofort orangerot.

U: Unter den anderen grauen Parmelien unterscheidet sich *P. subrudecta* durch eine helle Unterseite, eine nicht durch strichförmige, netzig verbundene Erhebungen gegliederte Oberseite und rundliche Sorale (neben Bortensoralen). *P. saxatilis* ist nicht sorediös, sondern isidiös, dies gilt ebenso für *P. tiliacea* und *P. pastillifera*, die außerdem eine glatte Oberseite haben.

Ö: Mit breiter ökologischer Amplitude, bevorzugt eher nährstoffreiche Borken. L:7, F:3, R:5, N:4, To:8.

H: +++.

Parmelia subargentifera
Nyl., syn. *Melanelia subargentifera* (Nyl.) Essl.
Abbildungsmaßstab 6 : 1

M: Braune, breitlappige Blattflechte mit Soralen.
Lager bis ca. 5 cm; *Lappen* 2–3 mm breit, an den Rändern aufsteigend, an den Enden mit feinen, hellen Härchen besetzt und daher dort bereift aussehend (20-fache Lupe!). *Oberseite* braun, rotbraun, gelbbraun, bronzefarben, olivbraun, matt, mitunter stellenweise bereift, querrunzelig, mit rand- oder flächenständigen, zur Mitte zusammenfließenden, oft körnigen *Soralen,* oft auch von sorediös aufbrechenden Warzen bedeckt, im Extrem stellenweise warzigmehlig rauh. *Unterseite* schwarz, matt, zum Rande hin glänzend, mit einfachen Rhizinen bis zum Rand.
R: Lager K−, C−, KC−, P−; Mark C+ rot, KC+ rot.
U: Durch die – manchmal spärlichen und immer unscheinbaren – weißen Härchen von anderen braunen Parmelien sicher zu unterscheiden. (*Parmelia glabra* hat zwar ebenfalls weiße Härchen, ist aber nicht sorediös und besitzt meist Apothecien). *Parmelia subaurifera* sieht ähnlich aus, ihre Lappen liegen aber bis zum Rand eng an, außerdem entwickeln sich aus ihren Soralen feine Isidien, die – wenn sie abbrechen – gelbliche Flecken auf dem Lager entstehen lassen. *Parmelia glabratula* hat deutliche Isidien und keine Sorale. Bei anderen braunen Parmelien reagiert das Mark mit C nicht rot.
Ö: Bevorzugt nährstoffreiche Borken mit subneutralem pH-Wert. L:7, F:5, R:7, N:6, To:3.
H: +.

Parmelia subaurifera

Nyl.
syn. *Melanelia subaurifera* (Nyl.) Essl.
Abbildungsmaßstab 3 : 1

M: Braune, mittelgroße, eng anliegende Blattflechte mit Isidiengruppen und/oder Soralen.
Lager bis 4 cm groß, dicht anliegend, oft rosettenförmig.
Lappen 2–4 mm breit, flach. *Oberseite* braun bis grünbraun, mit flächenständigen Soralen und/oder Isidien. *Sorale* fleckförmig, gewöhnlich leicht gelblich. *Isidien* zart, jung halbkugelig, später zylindrisch bis verzweigt, an Stellen entstehend, wo sich die Rinde auflöst bzw. sich Sorale befinden. Wenn die Isidien abgerieben sind, bleiben weiß-gelbliche Flekken zurück, die an Sorale erinnern. *Unterseite* schwarz bis dunkelbraun, mit einfachen Rhizinen bis zum Rand.
R: Lager K−, C−, KC−, P−; Mark und Sorale K−, C+ rot, KC+ rot, P−.
U: *P. glabratula* ist nicht sorediös und hat echte Isidien, auch reagiert bei ihr das Mark bei manchen Exemplaren K+ violett. *P. subargentifera* unterscheidet sich durch die weißen Härchen von *P. subaurifera. P. glabra* hat ebenfalls weiße Härchen, ist aber nicht sorediös bzw. isidiös und besitzt meist Apothecien. Bei anderen braunen Parmelien reagiert das Mark mit C nicht rot, die meisten braunen Arten liegen auch nicht so dicht am Substrat an, wie dies bei *P. subaurifera* der Fall ist.
Ö: Bevorzugt glatte Borken mit subneutralem pH-Wert und kommt oft auf Zweigen vor. L:6, F:5, R:6, N:3, To:5.
H: +.

Parmelia pastillifera
(Harm.) Schubert & Klem.
syn. *Parmelina pastillifera* (Harm.) Hale
Abbildungsmaßstab 6,5 : 1

M: Weißgraue, großlappige Blattflechte mit flachen Lappen, meist ohne Apothecien, mit schwarzen, ± glänzenden Isidien.
Lager bis 8 cm, rosettig, am Rande tief eingeschnitten, mit gerundeten Achseln. *Lappen* (2–10 × 3–6 mm), ziemlich dünn, eng anliegend. *Oberseite* grauweiß, etwas glänzend, auffallend glatt, ohne Sorale, mit rein schwarzen, basal verengten, kugeligen bis knopfartigen *Isidien*, die oben verflacht bis eingedellt sind. Wenn Isidien ausbrechen, finden sich an diesen Stellen oft charakteristische weißliche „Narben" (siehe Abb. 14, S. 27). *Unterseite* schwarzbraun, am Rand heller, ganz mit einfachen bis gegabelten Rhizinen besetzt.
R: Rinde K+ gelb, C−, KC−, P−; Mark K−, C+ rot, KC+ rot, P−.
U: Unter den anderen grauen bis grauweißen Parmelien ist die Verwechslungsgefahr bei *P. tiliacea* am größten. Diese Art ist nur durch die Form und Farbe der Isidien zu unterscheiden. Sie sind länglich-zylindrisch bis leicht keulenförmig, an der Basis meist lagerfarben, an der Spitze aber bräunlich (bis fast schwarz) und stehen meist dichter. Außerdem sieht ihr Lager eher grau als grauweiß aus; gegen die Lagermitte bestimmen die dichtstehenden Isidien die Färbung; Hier sieht es dunkler grau bis graubraun aus. *P. pastillifera* besiedelt deutlich niederschlagsreichere Standorte als *P. tiliacea*. Die verwandte, extrem seltene *P. quercina* (Willd.) Vainio besitzt Apothecien, aber keine Isidien, *P. saxatilis* ist zwar wie *P. tiliacea* isidiös, hat aber durch netzig verbundene, schwach gratartige Erhebungen eine „gehämmerte", unebene Oberfläche. *P. sulcata* und *P. subrudecta* haben Sorale.
Ö: Bevorzugt basenreiche Borken (v.a. Apfel, Bergahorn, Esche) L:6, F:7, R:5, N:4, To:3.
H: +, viel seltener als *P. tiliacea*.

Parmelia tiliacea

(Hoffm.) Ach.
syn. *Parmelina tiliacea* (Hoffm.) Hale
Abbildungsmaßstab 2,3 : 1

M: Hellgraue, großlappige Blattflechte mit grauen bis schwarzbraunen zylindrischen bis keuligen Isidien.
Lager 4–10 cm, rosettig, am Rande tief eingeschnitten, mit gerundeten Achseln. *Lappen* (2–10 × 3–6 mm), ziemlich dick, lederig, ± anliegend, an den Enden gerundet (jedoch eingekerbt). *Oberseite* weißgrau bis grau, matt, glatt, ohne Sorale, mit länglich-zylindrischen bis keuligen *Isidien* (Basis grau, die Spitze verjüngt sich abrupt und ist bräunlich bis schwarzbraun), *Unterseite* schwarzbraun, am Rand heller, gänzlich mit einfachen bis gegabelten Rhizinen besetzt.
R: Rinde K+ gelb, C−, KC−, P−; Mark K−, C+ rot, KC+ rot, P−.
U: Durch die Größe des Lagers, die Form der in den Achseln und an den Enden ± gerundeten Lappen, der bis auf die Isidien glatten Oberfläche und die hellgraue Farbe gut zu erkennen. Lediglich die seltene *Parmelia pastillifera* ist sehr ähnlich und nur durch die Isidienform zu unterscheiden (siehe bei dieser Art, dort sind auch Unterschiede zu anderen Arten beschrieben). *Parmelia saxatilis* hat eine netzig-grubig unebene Oberfläche
Ö: Vorwiegend an nährstoffreichen Borken (v.a. Ahorn, Esche, Linde). L:7, F:3, R:5, N:4, To:5.
H: +.

Parmeliopsis ambigua

(Wulfen) Nyl.
Abbildungsmaßstab 3 : 1

M: Gelbgrüne, sehr schmallappige Blattflechte mit Soralen.
Lager 1–3 cm groß, dicht anliegend, oft rosettenförmig, tief eingeschnitten bis fächerförmig. *Lappen* 1–4 × 0,5–1 mm, dünn, flach.
Oberseite gelbgrün, zur Mitte oft graugrün, matt. *Sorale* häufig, flächenständig, fast lagerfarben bis weißlich, flach bis gewölbt, einzeln stehend oder zusammenfließend und fast das ganze Lager bedeckend. *Unterseite* schwarz bis kastanienbraun, bis zum Rand mit einfachen Rhizinen.
Apothecien sehr selten, im Gebirge mäßig selten, braun.
R: Lager K− bis K+ gelblich, C−, KC−, P−.
U: *Parmeliopsis hyperopta* ist habituell weitestgehend mit *P. ambigua* identisch, jedoch grau gefärbt. *Parmeliopsis* (= *Imshaugia*) *aleurites* ist ebenfalls weißgrau (bis leicht braunstichig weißgrau), besitzt aber zylindrische Isidien; ihr Mark reagiert außerdem mit K+ und P+ orange. Die gelbgrünen Parmelien (*P. caperata, flaventior*) haben wesentlich größere, nicht so eng anliegende Lager und breitere (weit über 1 mm) Lappen. Wenn *Parmeliopsis ambigua* stark sorediös aufgelöste Lager hat, ähnelt sie auch etwas sterilen Lagern von *Lecanora conizaeoides* oder *L. expallens*; bei sorgfältiger Untersuchung entdeckt man jedoch stets Lappen„reste“, die letzteren fehlen. Außerdem unterscheiden sich diese Krustenflechten auch durch ihre Tüpfelreaktionen (siehe dort).
Ö: An stark sauren und stark versauerten Substraten (v.a. Nadelbäumen, aber auch anthropogen versauerten Laubbaumrinden). L:6, F:5, R:2, N:2, To:7.
H: ++.

Pertusaria albescens var. albescens

(Hudson) Choisy & Werner
Abbildungsmaßstab 2,1 : 1

M: Graue Krustenflechte mit großen rundlichen, weißen Soralen.
Lager grau bis graugrünlich, knorpelig, glatt bis warzenartig, schwach rissig, zuweilen von einem Vorlager begrenzt und am Rand dann ± gezont (abwechselnd helle und dunklere Streifen). Stets mit *Soralen*, diese zerstreut, zur Mitte hin gedrängt, scharf begrenzt, rund, konkav bis leicht gewölbt, sehr groß (1–5 mm), weißlich bis weißgrau, also heller als das Lager, Geschmack nicht bitter.
Apothecien extrem selten.
R: Lager K–, C–, KC–, P–.
U: Durch die großen, fast an weißliche Apothecien erinnernden Sorale gut charakterisiert, lediglich mit *P. amara* leicht zu verwechseln. Diese hat aber bitter schmeckende Sorale, die mit KC deutlich violett werden. *Ochrolechia turneri*, deren Lager ähnlich gefärbt sind und ebenfalls keine chemischen Reaktionen zeigen, hat allenfalls im Randbereich deutlich begrenzte rundliche Sorale. *Ochrolechia arborea* ist meist heller (grauweißlich) gefärbt als *P. albescens* und reagiert mit C+ rot.
Ö: Auf Laubbäumen, besonders Straßenbäumen (Ahorn, Esche, Linde), und Obstbäumen (Apfel, Birne), aber auch an Waldbäumen (v.a. Eiche). L:6, F:3, R:6, N:4, To:4.
H: ++.

Pertusaria albescens var. corallina

(Zahlbr.) Laundon
ist dicht mit lagerfarbenen, warzigen bis korallinen Isidien bedeckt, die sorediös aufbrechen, später kann die gesamte Lagermitte sorediös aussehen. Im Gegensatz zur var. *albescens* sind die Sorale nicht deutlich begrenzt.

Pertusaria amara
(Ach.) Nyl.
Abbildungsmaßstab 2,1 : 1

M: Graue Krustenflechte mit gewölbten weißen Soralen.
Lager grau, runzelig oder höckerig, zum Rand hin dünner, knorpelig-häutig und ± glatt, am Rand nur sehr selten gezont.
Sorale 0,5–1,5 mm, ziemlich regelmäßig über das Lager verteilt, anfangs einzeln und deutlich begrenzt, rundlich, gewölbt bis halbkugelig, später auch zusammenfließend, so daß ein dickliches, weißes Lager entsteht, sehr bitter schmeckend (mit feuchtem Finger über die Sorale streichen und ablecken: der bittere Geschmack tritt erst nach einer Weile auf).
Apothecien extrem selten.
R: Lager K−, C−, KC−, P−; Sorale K−, C−, KC+ flüchtig aber deutlich violett, P− oder schwach orange.
U: Leicht mit *P. albescens* zu verwechseln, die sich jedoch durch ein randlich oft zoniertes Lager, nicht bitter schmekkende, meist konkave bis schwach gewölbte, gewöhnlich größere Sorale unterscheidet. Außerdem zeigen die Sorale keine violette KC-Tüpfelreaktion. Weitere Verwechslungsmöglichkeiten siehe bei *P. albescens*; bei Beachtung der Hauptmerkmale, die KC-Reaktion der anfangs deutlich begrenzten, fast stets deutlich gewölbten Sorale, ist aber *P. amara* einwandfrei ansprechbar.
Ö: Auf Laubbäumen mit etwas saurer Borke und Nadelbäumen, auf Straßenbäumen (Ahorn, Esche, Linde), Obstbäumen (Apfel, Birne) sowie an Waldbäumen (Buche, Eiche). L:6, F:4, R:3, N:2, To:4.
H: ++.

Pertusaria coccodes
(Ach.) Nyl.
Abbildungsmaßstab 14 : 1

M: Graue, mit K+ rote Krustenflechte mit Isidien.
Lager hellgrau, bräunlichgrau bis hell graugrünlich, schwach glänzend, ziemlich glatt bis warzig, rissig. *Isidien* zart, körnig bis keulig, entweder regelmäßig verteilt oder (seltener) in Gruppen, manchmal (an lichtoffenen, nährstoffreicheren Orten) mit bräunlichen oder dunkelgrauen Spitzen. Gelegentlich brechen die Isidien ab, wodurch das Lager ein ± sorediöses Aussehen erhält.
Apothecien selten.
R: Lager K+ gelb, dann blutrot, C−, KC− oder langsam gelb bis rot, P− oder gelborange (v.a. an sorediösen Stellen).
U: Sehr ähnlich ist *P. coronata*; sie reagiert jedoch mit K nur gelb, und ihre Isidien sind oft schlanker, nur selten kopfig verdickt, selten bräunlich. *P. flavida* hat ein gelbliches Lager und reagiert mit K−, C+ orange. Die weißgraue *Ochrolechia subviridis*, die vorwiegend in Wäldern vorkommt, reagiert K−, C+ rosa. *Phlyctis argena* reagiert auch K+ rot, ist aber weitgehend sorediös und entwickelt nie Isidien. *O. microstictoides/turneri* haben keine Isidien und keine positive K-Reaktion.
Ö: Die Art kommt sowohl in Wäldern (Eiche, Hain- und Rotbuche) als auch an isolierten Bäumen (v.a. Birne, Esche, Linde) vor. L:6, F:4, R:5, N:3, To:4.
H: +.

Pertusaria flavida
(DC.) Laundon
Abbildungsmaßstab 15 : 1

M: Gelbliche bis blaßgelbgrünliche Krustenflechte mit Isidien.
Lager gelblich-grünlich, graugelb bis leicht ocker, uneben, rissig, dicht mit sehr feinen, körnig-warzigen *Isidien* besetzt, die mitunter z.T. sorediös aufbrechen.
R: Lager K−, C− bis C+ hell orange, KC+ gelborange, CK(!)+ orange, P−.
U: Durch die gelbliche Lagerfarbe, die feinen Isidien und die CK+ Orange-Färbung gut charakterisiert. Oft ist der Gelbton nur schwach ausgeprägt (Schattenexemplare, ungünstige Standorte), so daß eine Verwechslung mit grünlichgrauen Exemplaren von *Pertusaria coccodes* und *P. coronata*, die ebenfalls isidiös sind, aber nicht KC+ gelborange reagieren, leicht möglich ist. Gelbliche Lager von *Lecanora conizaeoides, L. expallens* und *Pyrrhospora quernea* haben keine Isidien und sind stets deutlich sorediös.

Ö: An glatten und rauhen Rinden von Laubbäumen an mäßig bis ziemlich lichtreichen Standorten, sowohl in Wäldern (v.a. Eiche, Hainbuche) als auch an isolierten Bäumen (v.a. Birne, Esche, Linde). L:5, F:4, R:4, N:3, To:4.
H: +.

Pertusaria pertusa
(Weigel) Tuck.
Abbildungsmaßstab 6 : 1

M: Graue Krustenflechte mit knolligen Fruchtkörpern, ohne Sorale und Isidien. *Lager* grünlichgrau bis hellgrau, etwas glänzend, uneben bis warzig, schwach rissig, selten am Rand gezont.
Apothecien befinden sich zu mehreren (4–10) in halbkugeligen, höckerförmigen Fruchtwarzen, die weite Teile des Lagers bedecken und oft stellenweise sehr gedrängt sitzen, *Fruchtwarzen* (0,8–2 mm) mit abgeflachtem Gipfel und steil abfallenden Flanken, nicht regelmäßig gewölbt; Apothecienscheibe schwarz, punktförmig (dadurch sehen die Fruchtwarzen wie Perithecien aus). *Sporen* zu 2 im Ascus, sehr groß (110–230 × 40–80 µm), mit dicker Wand.
R: Lager K+ gelblich, C−, KC−, P−; Mark K+ lebhaft gelb, C−, KC+ lebhaft gelb, P+ orangerot. Bei schattig gewachsenen Exemplaren sind die Reaktionen oft sehr undeutlich.
U: An den höckerigen Fruchtwarzen mit abgeplattetem Gipfel und steil abfallenden Flanken sowie der Vielzahl darin befindlicher Apothecien gewöhnlich gut zu erkennen. Ähnlich ist *P. leioplaca*, die aber gewölbte, nicht abgeplattete Warzen mit nur 1(–2) Apothecium aufweist. Außerdem besitzt sie 4–6 Sporen/Ascus. *P. hymenea* hat immer wenige Apothecien in der Fruchtwarze (oft nur 1) und reagiert P−, aber C+ gelb. Sie hat 8 Sporen im Ascus. *P. pustulata* hat zwar – wie *P. pertusa* – auch 2 Sporen, die aber viel kleiner sind (130 × 30 µm). Außerdem verbreitern sich ihre Fruchtwarzen deutlich zur Basis hin. Bei dieser Art bleibt die Apothecienscheibe nicht punktförmig, sondern weitet sich im Alter zur Scheibe aus. Die Unterscheidung von den genannten Arten kann bei undeutlichen Reaktionen und morphologisch untypischer Entwicklung Probleme bereiten.
Ö: Auf freistehenden wie auf Waldbäumen mit glatter oder rauher Rinde. L:4, F:5, R:5, N:3, To:4. **H:** +.

Phaeophyscia orbicularis

(Necker) Moberg
syn. *Physcia orbicularis*
(Necker) Poetsch
Abbildungsmaßstab 2,5 : 1

M: Sehr variable, hell- bis dunkelgraue, grünlichgraue bis bräunliche, schmallappige Blattflechte mit Flecksoralen, gelegentlich auch mit Apothecien.
Lager rosettig bis unregelmäßig, meist nur bis 2,5 cm, aber häufig mit anderen zusammenwachsend und dann größere Flächen überziehend, eng anliegend, farblich und habituell sehr variabel. *Lappen* schmal (bis 1 mm breit), verlängert. *Oberseite* der Lappen hell- bis dunkelgrau, graubraun, braun, grünlichgrau, olivbraun, selten mit gelblichen Stellen, matt, unbereift, feucht mit deutlichem Grünton. *Sorale* ca. 0,5 mm, flach bis gewölbt, fleckförmig bis fast kopfig, weiß, grünlich oder grau, meist flächenständig, manchmal auch rand- oder endständig. *Unterseite* schwarz, nur am Rand hell, dicht mit kurzen schwarzen Rhizinen besetzt, die häufig unter dem Rand hervorragen und dann weiße Spitzen haben können.
Apothecien gelegentlich vorkommend, flächenständig (0,5–2 mm), Scheibe schwarzbraun, unbereift.
R: Lager K− (an gelblichen Stellen rot), C−, KC−, P−.
U: Die ähnliche *Ph. endophoenicea* hat randliche Lippensorale, und das Mark ist orangerot und reagiert mit K+ rot. *Ph. nigricans* ist wesentlich zierlicher als *Ph. orbicularis* und hat aufsteigende, am Rand körnig-isidiöse (bis sorediöse) Läppchen mit heller Unterseite. *Hyperphyscia adglutinata* ähnelt einer rosettig wachsenden, extrem an das Substrat angeschmiegten *Ph. orbicularis* und kann kaum unverletzt abgelöst werden; die wenigen Rhizinen der hellen bis dunklen Unterseite sind sehr kurz.
Ö: Bervorzugt nährstoffreiche, staubimprägnierte Borken von Laubbäumen. L:7, F:X R:7, N:7, To:8.
H: +++.

Phlyctis argena

(Sprengel) Flotow
Abbildungsmaßstab 2,5 : 1

M: Weißliche bis graue, unregelmäßig sorediös aufbrechende Krustenflechte. *Lager* dünn, weißlich bis grau, mitunter mit weißem (bis silbrigweißem) Rand, deutlich begrenzt, oft mit weißem Vorlager, vor allem gegen die Mitte mit zerstreuten bis großflächig zusammenfließenden, feinkörnigen, matten, weißen bis cremefarbenen *Soralen*; oft ist ein deutlicher Kontrast zwischen dem matten sorediösen Zentrum und dem glänzenden Rand ausgeprägt. Zuweilen haben die Sorale einen rosa bis rötlichen Ton (v.a. später im Herbar) durch Einfluß von Alkalien.
R: Lager und Sorale K+ gelb und dann schnell blutrot, C−, KC+ rot, P+ gelb (Sorale orange).
U: *Phlyctis agelaea* hat immer Apothecien. Ähnlich aussehende Pertusarien und Ochrolechien sind K− (lediglich *Pertusaria coccodes* reagiert ebenfalls K+ rot, hat aber Isidien). *Buellia griseovirens* kann, wenn sie ein weißliches Lager ausbildet, ebenfalls mit *P. argena* verwechselt werden. Ihre Sorale sind aber gewöhnlich nicht cremefarben, sondern dunkler (graugrün); außerdem reagiert sie mit K nie deutlich blutrot.
Ö: Bevorzugt rauhe Borken, wie Eiche und Pappel, aber auch oft an eher glatten Bäumen (Ahorn, Buche, Erle, Hainbuche, Linde). L:5, F:3, R:5, N:3, To:6.
H: ++.

Physcia adscendens
(Fr.) Oliv.
Abbildungsmaßstab 6 : 1

M: Weißgraue, rel. kleine, schmallappige Blattflechte mit Wimpern und mit Soralen auf der Unterseite von kuppelartig aufgewölbten Lappenenden.
Lager bis 3 cm, rosettig oder mehrere Lager ineinanderfließend und größere Flächen überziehend, weißgrau bis grau, matt, unbereift.
Lappen schmal (bis 1 mm breit), an den Enden aufsteigend und dort helm- bzw. kuppelförmig gewölbt, die Unterseite dieser „aufgeblasen" wirkenden Gebilde ist weißlich sorediös (*Helmsorale*). Im Alter erodieren die Helme gelegentlich (oder werden von Milben abgefressen). An den Rändern der Lappen befinden sich helle, rhizinenähnliche, bis 2 mm lange Wimpern. *Unterseite* hell, mit wenigen, hellen Rhizinen besetzt.
Apothecien ziemlich selten, 1–2 mm, flächenständig, sitzend bis kurz gestielt, Scheibe dunkel, flach, nackt oder leicht bereift. Rand lagerfarben, etwas über die Scheibe gebogen, glatt.
R: Rinde K+ gelb, C−, KC−, P−.
U: Die ähnlich aussehende *Ph. tenella* hat in typischer Ausbildung flache bis aufgebogene, nicht stark gewölbte Lappenenden mit Lippensoralen und oft schlankere Lappen. Junge Exemplare (ohne Sorale) sind kaum zu unterscheiden, ebenso ältere Exemplare von *Ph. adscendens*, wenn die Helmsorale erodiert oder weggefressen sind. Beide wachsen häufig miteinander, *Ph. adscendens* ist seltener. Von anderen grauen Physcien durch die langen Wimpern sicher zu unterscheiden.
Ö: Bevorzugt nährstoffreiche, staubimprägnierte Borken von Laubbäumen. L:7, F:3, R:7, N:6, To:8.
H: ++.

Physcia tenella
(Scop.) DC., mit *Parmelia sulcata*
Abbildungsmaßstab 6:1

M: Weißgraue, rel. kleine, schmallappige Blattflechte mit Wimpern und mit Soralen auf der Unterseite von lippenförmig aufgebogenen Lappenenden.
Lager gewöhnlich aus vielen kleinen Lappen bestehend (3–5 × 0,4–1 mm), die gleichmäßig rasenartig die Rinde (oft über größere Flächen) bedecken, jung auch rosettig. *Lappen* schmal, ± flach, langgestreckt und oft gabelig geteilt, jung anliegend, später aufsteigend. An den Lappenenden unterseits mit lippenförmigen hellen *Soralen* (*Sorale* nicht flächenständig!). An den Rändern der Lappen befinden sich helle, rhizinenähnliche, bis 2 mm lange Wimpern. *Oberseite* weißgrau bis grau (bis sehr leicht blaustichig), matt, unbereift. *Unterseite* hellbräunlich bis weißlich, mit hellen Rhizinen.
Apothecien nicht selten, 1–2 mm, flächenständig, sitzend bis kurz gestielt. Scheibe dunkel, flach, nackt oder leicht bereift. Rand lagerfarben, etwas über die Scheibe gebogen, glatt.
R: Rinde K+ gelb, C−, KC−, P−.
U: Die ähnlich aussehende *Ph. adscendens* hat in typischer Ausbildung an den Lappenenden Helmsorale. Junge Exemplare (ohne Sorale) sind kaum zu unterscheiden. Auch ältere Exemplare von *Ph. adscendens*, an denen die Helmsorale erodiert oder weggefressen sind, sind schlecht von *Ph. tenella* zu trennen. Beide Arten wachsen häufig durcheinander. *Ph. adscendens* ist seltener. Von anderen grauen Physcien durch die langen Wimpern sicher zu unterscheiden.
Ö: Bevorzugt nährstoffreiche, staubimprägnierte Borken von Laubbäumen. L:7, F:3, R:6, N:6, To:8.
H: +++.

Physcia aipolia

(Ehrh. ex Humb.) Fürnr., mit *Xanthoria polycarpa* (gelb)
Abbildungsmaßstab 4 : 1

M: Graue, schmallappige, rosettig wachsende weißliche Blattflechte mit schwärzlichen, oft bereiften Apothecien.
Lager ± rosettig, (bis 4 cm), der Rinde eng anliegend, am Rand strahlig.
Lappen 2–10 × 0,8–1,7 mm, flach, strahlig, oft zusammenschließend bis einander überdeckend. *Oberseite* weißgrau bis grau, mit kleinen weißen Flecken (feucht besser zu sehen); nicht bereift, matt. *Unterseite* weißlich bis hellbräunlich, glatt, matt, mit hellen bis braunen, einfachen bis gabeligen Rhizinen.
Apothecien oft vorhanden, 1–5 mm, *Scheibe* dunkel, weißlich bis bläulich bereift oder nackt, flach. Rand dick, glatt oder gekerbt, lagerfarben.
R: Rinde K+ gelb, C–, KC–, P–; Mark K+ gelb.
U: *Physcia aipolia* ist durch das hellgraue, dicht anliegende, nicht sorediöse Lager, das meist Apothecien aufweist, gut charakterisiert. Sehr ähnlich ist *Ph. stellaris*, jedoch fehlen bei dieser Art die weißen Flecken auf der Oberseite und das Mark reagiert K–; oft sind auch die Lappen etwas schmaler. *Physconia distorta* hat schwarze, rechtwinklig auffasernde Rhizinen (sehen aus wie eine Flaschenbürste), außerdem reagieren Rinde und Mark K–. *Physcia adscendens* und *Physica tenella* haben lange Wimpern und Sorale.
Ö: Besonders auf nährstoffreichen, zumindest subneutralen Rinden von Laubbäumen, findet sich oft auf Zweigen. L:7, F:3, R:7, N:5, To:4.
H: +.

Physcia stellaris

(L.) Nyl., mit *Xanthoria polycarpa* (gelb)

Abbildungsmaßstab 4 : 1

M: Grauweiße schmallappige, rosettig wachsende Blattflechte mit Apothecien. *Lager* ± rosettig, (3–6 cm), der Borke eng anliegend, am Rand strahlig.

Lappen 2–7 × 0,3–1,5 mm, ± flach, strahlig, am Lagerrand meist einander nicht überdeckend. *Oberseite* weißgrau bis grau, ohne deutliche weiße Flecken, nicht bereift, matt. *Unterseite* weißlich bis hellbräunlich, glatt, matt, mit hellen bis braunen, einfachen bis gabeligen Rhizinen.

Apothecien fast stets vorhanden, 1–2 mm, *Scheibe* dunkel, bereift oder nackt, flach. Rand dick, glatt oder gekerbt, lagerfarben.

R: Rinde K+ gelb bis grünlichgelb, C−, KC−, P−; Mark K−.

U: *Physcia stellaris* ist durch das hellgraue, dicht anliegende, nicht serediöse Lager, das gewöhnlich Apothecien aufweist, gut charakterisiert. Bei der sehr ähnlichen *Ph. aipolia* ist die Oberseite mit weißen Flecken versehen und das Mark reagiert mit K+ gelb; die Lappen können etwas breiter werden. *Physconia distorta* hat schwarze, rechtwinklig auffasernde Rhizinen (sehen aus wie eine Flaschenbürste). Außerdem zeigt die Rinde keine K-Reaktion. *Ph. adscendens* und *tenella* haben lange Wimpern und Sorale.

Ö: Vorwiegend an nährstoff-, zumindest basenreichen Borken von Laubbäumen, am häufigsten auf Zweigen. L:7, F:3, R:6, N:5, To:4.

H: +.

Physconia distorta

(With.) Laundon, syn. *Physconia pulverulenta* („Hoffm.") Poelt, rechts (grünlich) ein Exemplar der Strauchflechte *Ramalina* cf. *pollinaria*

Abbildungsmaßstab 1,5 : 1

M: Graue bis braune, ± bereifte Blattflechte mit langgestreckten Lappen, oft mit Apothecien.

Lager meist ± rosettig (bis ca. 10 cm), der Rinde eng anliegend. *Lappen* 5–10 × 1–2 mm, randlich nicht aufsteigend. *Oberseite* braun bis grau (bis dunkel graubraun), im Schatten auch oliv, matt, mit grobem, weißgrauem Reif (zumindest an den Lappenenden). *Unterseite* in der Mitte schwärzlich, zum Rand hin weißlich. Dicht mit schwarzen *Rhizinen* besetzt, die zuweilen seitlich hervorragen, die Rhizinen sind von der Gestalt einer Flaschenbürste und rechtwinklig aufgefasert (oft sind die seitlichen Ästchen am Hauptstamm angeklebt, so daß man mehrere Rhizinen mit der Lupe anschauen muß).

Apothecien oft vorhanden, 2–5 mm, flächenständig. Scheibe dunkel, flach, meist dicht weiß bis bläulich bereift. Rand oft gekerbt, zuweilen mit kleinen Läppchen besetzt.

R: Lager K–, C–, KC–, P–.

U: Da die Art nicht servediös ist, kann man sie leicht von den anderen heimischen Physconien unterscheiden. Unter den *Physcia*-Arten haben lediglich *Ph. aipolia* und *Ph. stellaris* keine Sorale, besitzen aber einfache bis gabelige Rhizinen (nicht flaschenbürstenartig, wie bei *Ph. distorta*) und reagieren mit K+ gelb.

Ö: Besonders an nährstoffreichen, staubimprägnierten Rinden von Laubbäumen. L:7, F:3, R:7, N:6, To:3.

H: +.

Physconia grisea
(Lam.) Poelt
Abbildungsmaßstab 2,5 : 1

M: Graue bis braune, bereifte, mittelgroße Blattflechte mit sorediösen bis isidiösen Lappen.
Lager nicht rosettig, sondern unregelmäßig gestaltet und zusammenfließend, bis 8 cm. *Lappen* einander berührend oder teilweise deckend, locker anliegend, Ränder wellig und leicht aufsteigend und mit körnig-isidiösen Bortensoralen, 3–5 × 1–2 mm. *Oberseite* grau, graubraun bis hellbraun, olivbraun, oft fleckig bereift (zumindest randlich), im Extrem völlig weißlich, matt. Lagermitte häufig großflächig sorediös. *Unterseite* in der Mitte hellbraun, zum Rand hin weißlich. *Rhizinen* hell, einfach bis gabelig geteilt (nicht flaschenbürstenartig). *Mark* weiß.
R: Lager K−, C−, KC−, P−.
U: Von anderen Physconien – speziell *Physconia enteroxantha* und *Ph. perisidiosa* – durch die einfachen Rhizinen zu unterscheiden. Unterscheidung von den Physcien: im Gegensatz zu diesen sind die Lappen von *Ph. grisea* größer und kräftiger, das Lager ist ± deutlich bereift und K−.
Ö: Besonders auf staubimprägnierten Laubbaumrinden. L:7, F:2, R:7, N:7, To:7.
H: ++.

Physconia enteroxantha
(Nyl.) Poelt
Abbildungsmaßstab 4,7 : 1

M: Graue bis braune, ± bereifte Blattflechte mit mittelgroßen Lappen und Randsoralen.
Lager rosettig bis unregelmäßig wachsend, bis 5 cm, ± anliegend. *Lappen* 5–10 × 1–2 mm. *Oberseite* graubraun, braun bis grünlichbraun, matt, mit grobem, weißgrauem Reif (zumindest an den Lappenenden), mit gelblichen, selten (braun)grauen Randsoralen besetzt (eher an den seitlichen, gewellten und aufgebogenen Rändern, die Enden der Lappen sind meist flach und frei von Soralen). *Unterseite* in der Mitte schwärzlich, zum Rand hin weißlich, dicht mit schwarzen *Rhizinen* besetzt, die zuweilen seitlich hervorragen; Rhizinen von der Gestalt einer Flaschenbürste, d.h. rechtwinklig auffasernd (oft sind die seitlichen Ästchen am Hauptstamm angeklebt, so daß man mehrere Rhizinen mit der Lupe anschauen muß). *Mark* ± gelblich bis gelb.
Apothecien sehr selten.
R: Rinde K−, C−, KC−, P−; Mark und Sorale K+ deutlich gelb.
U: *Physconia perisidiosa* ist sehr ähnlich, besitzt aber überwiegend lippenförmige Sorale an den Lappenenden, hat ein weißes Mark, das mit K nicht reagiert, und wächst nur selten rosettig. Die Lagerfarbe hat oft einen leicht violetten Stich. *Ph. grisea* besitzt einfache Rhizinen und ein weißes Mark. *Ph. distorta* ist nicht sorediös und hat oft Apothecien. Unterscheidung von den Physcien: im Gegensatz zu diesen sind die Rhizinen von *Ph. enteroxantha* flaschenbürstenartig, das Lager ist ± deutlich bereift, die Sorale befinden sich überwiegend an den seitlichen Rändern der Lappen.
Ö: Bevorzugt nährstoffreiche, staubimprägnierte Borken von Laubbäumen. L:7, F:5, R:6, N:5, To:3.
H: +.

Physconia perisidiosa
(Erichsen) Moberg
Abbildungsmaßstab 6 : 1

M: Graue bis braune, ± bereifte, meist unregelmäßig wachsende Blattflechte mit Lippensoralen.
Lager nicht rosettig, sondern unregelmäßig, bis 5 cm. *Lappen* kurz (1–3 × 1 mm), dachziegelig übereinanderwachsend, in der Lagermitte ± schuppig abstehend, an den Rändern aufgebogen. *Oberseite* grau- bis violett- oder purpurbraun, mit grobem, weißgrauem Reif (zumindest an den Lappenenden); nicht bereifte Teile ± glänzend oder matt. *Sorale* vor allem an den Lappen der Lagermitte, lippenförmig, überwiegend an den Lappenenden (nicht an den Lappenrändern), bei älteren Exemplaren in der Lagermitte zusammenfließend und dort auch ± isidiös. *Unterseite* in der Mitte schwärzlich, zum Rand hin weißlich. Dicht mit schwarzen *Rhizinen* besetzt, die zuweilen seitlich hervorragen und wie Flaschenbürsten (d. h. rechtwinklig auffasernd) gestaltet sind (oft sind die seitlichen Ästchen am Hauptstamm angeklebt, so daß man mehrere Rhizinen mit der Lupe anschauen muß). *Mark* weiß.
R: Lager K–, C–, KC–, P–.
U: *Physconia enteroxantha* ist sehr ähnlich, besitzt aber überwiegend Sorale an den Lappenrändern und hat ein gelbes Mark, das mit K+ gelb reagiert. Außerdem sind bei ihr die nicht bereiften Lagerteile matt. *Ph. grisea* besitzt einfache Rhizinen. *Physconia distorta* ist nicht sorediös und hat oft Apothecien. Von allen Physconien hat *Ph. perisidiosa* die kürzesten Läppchen und als einzige einen Stich ins Purpurfarbene. Unterscheidung von den Physcien: Im Gegensatz zu diesen sind die Rhizinen von *Ph. perisidiosa* flaschenbürstenartig und das Lager ist ± deutlich bereift.
Ö: Bevorzugt Laubbaumborken mit hohem pH-Wert. L:7, F:5, R:6, N:4, To:4.
H: +.

Platismatia glauca
(L.) W. Culb. & C. Culb.
Abbildungsmaßstab 1,5 : 1

M: Graue, breitlappige, aufsteigende Blattflechte mit ± welligen, gewöhnlich isidiösen bis sorediösen Rändern, sehr variabel.
Lager nicht rosettig, sondern unregelmäßig wachsend und zusammenfließend, bis 8 cm, oft deutlich (manchmal fast strauchartig) von der Rinde abstehend, aber jung auch ± anliegend. *Lappen* groß (bis 8 × 2 cm), zumindest an den Enden immer aufsteigend, mit flatterig verbogenen Rändern, die kahl oder mit Soralen oder korallenförmigen Isidien besetzt sind und dem Lager ein krauses Aussehen verleihen, gelegentlich sind auch Teile der Oberfläche isidiös-sorediös. *Oberseite* grau, hellgrau, mit leicht bläulichem oder (stets bei feuchtem Wetter) grünlichem Farbstich, an exponierten Standorten oft mit einem Braunton, ± glänzend, glatt bis runzelig (aber nicht auffallend netzrunzelig). *Unterseite* glatt bis aderig, glänzend hellbraun bis schwarz oder schwarzfleckig, mit weißen Abschnitten, selten ganz weiß. *Rhizinen* spärlich, einfach bis verzweigt.
R: Rinde K+ gelb, C−, KC−, P−.
U: Bei kleinen Exemplaren ist eine Verwechslung mit *Cetraria chlorophylla* möglich, diese hat aber stets braune Lappen, die feucht deutlich (oliv)grün werden. Außerdem ist deren Unterseite nie schwärzlich, sondern blaßbraun bis weißlich. *Cetrelia olivetorum* kommt sehr selten vor, hat auf der Oberseite punktförmige Pseudocyphellen und an den Rändern bortenartige feinkörnige Sorale. *Parmelia acetabulum* ist durch die großen, düster olivgrünen Lappen, das Fehlen von Soralen und positive chemische Reaktionen (s. dort) von *P. glauca* zu unterscheiden. Die übrigen Parmelien sind gewöhnlich kleiner und liegen dem Substrat meist enger an.
Ö: Auf sauren, nährstoffarmen Rinden, in niederen Lagen besonders auf Ästen. Vor allem in kühlen Gebieten. L:7, F:5, R:2, N:2, To:5. **H:** ++.

Pseudevernia furfuracea

(L.) Zopf
Abbildungsmaßstab 1,5 : 1

M: Graue, bandförmige Strauchflechte mit isidiöser Ober- und rhizinenfreier Unterseite.
Lager strauchig-bandartig, bis 10 cm, leicht gabelig verzweigt, mit unterschiedlich gebauter und gefärbter Ober- und Unterseite. *Oberseite* grau bis düster bräunlichgrau (ohne gelben oder grünen Ton). *Unterseite* oft rinnig, anfangs weißlich bis rosa, im Alter schwarz bis bläulichschwarz; die nach unten umgebogenen Ränder sind von der Farbe der Oberseite. *Lappen* bis 8 cm × 5 mm, unregelmäßig geweihartig bis gabelig verzweigt, mit kurzen Seitenzweigen, stets stark mit lagerfarbenen, zylindrischen bis korallenartigen Isidien besetzt, diese haben oft gebräunte Spitzen.
R: Rinde: K+ gelb, C−, KC−, P−; Mark C− oder C+ rot.
U: Sehr variabel, aber an der grauen Oberseite mit zylindrischen Isidien, der rhizinenlosen, an älteren Teilen mattschwarzen Unterseite einwandfrei ansprechbar. Von den *Ramalina*-Arten durch die unterschiedlich geartete Ober- und Unterseite, die Färbung und die Isidien unterschieden (die Ramalinen sind beidseitig graugrünlich bis gelbgrünlich und im Schnitt symmetrisch gebaut). *Evernia prunastri* hat ein gelbgrünliches bis graugrünes, unterseits weißliches Lager mit Soralen. *Anaptychia ciliaris* ist weder isidiös noch sorediös, aber fein behaart und von grauer bis braungrauer Farbe.
Ö: An lichtreichen, sauren (oder angesäuerten) Rinden von Laub- und Nadelbäumen, bevorzugt in höheren Lagen mit Niederschlägen über 700 mm. L:8, F:5, R:3, N:2, To:6.
H: ++.

Ramalina farinacea
(L.) Ach. (rechts), links *Evernia prun.*
Abbildungsmaßstab 1,5 : 1

M: Bandförmige, allseits grau- bis gelbgrünliche Strauchflechte mit Soralen. *Lager* strauchig-bandartig, bis 8 cm, leicht verzweigt, *Ober-* und *Unterseite* gleich gebaut und gefärbt. *Lappen* schmal (0,5–2 mm); linear, gabelig verzweigt, spitz zulaufend, an den Enden nicht flach, sondern fast rundlich. *Ober-* und *Unterseite* gelblichgrün bis dunkel graugrün, glatt bis schwach längsgrubig, leicht fettig glänzend. *Sorale* meist an den Lappenrändern (selten flächenständig), weiß, elliptisch, deutlich begrenzt (0,5–1 mm); mehlig.
R: Rinde K+ gelb, C–, KC–, P–. Es gibt Chemotypen mit verschiedenen Reaktionen im Mark und an den Soralen:
1. K– oder + orange, C–, KC+ gelb, P+ orange-rot
2. K+ orange-rot, C–, KC–, P+ gelb-orange
3. K–, C–, KC+ gelb, P–.

U: Die Unterscheidung gegenüber *R. pollinaria* kann sehr schwierig sein, v.a. bei kümmerlichen Exemplaren. *R. pollinaria* hat aber oft an den Enden verbreiterte, unregelmäßig zerschlitzte Lappen und auch flächenständige, oft relativ große und unregelmäßig begrenzte Sorale; auch die basalen Lappen können breit sein. Außerdem tritt keine positive Reaktion mit P auf. In Zweifelsfällen gebe man die Gruppe *R. farinacea/pollinaria* an. Die übrigen *Ramalina*-Arten sind nicht sorediös und besitzen oft Apothecien. Durch die gleichartig gebaute Ober- bzw. Unterseite unterscheiden sich die Ramalinen von anderen bandartigen Strauchflechten, wie die oberseits ähnlich gefärbte *Evernia prunastri* (Unterseite hell). *Pseudevernia furfuracea* (mit Isidien) und *Anaptychia ciliaris* (nicht sorediös) sind grau und haben eine rinnige, nie grünliche Unterseite.
Ö: Mit weiter ökologischer Amplitude, daher die häufigste *Ramalina*. L:6, F:4, R:5, N:3, To:5.
H: ++.

Ramalina pollinaria
(Westr.) Ach., habituell zu *R. farinacea* tendierende Exemplare
Abbildungsmaßstab 1,5 : 1

M: Grau- bis gelblichgrüne, bandförmige Strauchflechte mit Soralen.
Lager strauchig-bandartig, bis 5 cm (meist viel kleiner), unregelmäßig verzweigt, Ober- und Unterseite gleich gebaut und gefärbt. *Lappen* mittelbreit (ca. 3–4 mm), gegen die Enden zu oft verbreitert, aber zerschlitzt. *Ober-* und *Unterseite* weißlichgrün, graugrün, grüngelblich. *Sorale* oval bis unregelmäßig geformt, weißlich, flächenständig auf Ober- und Unterseite, auch an den Lappenenden und dort auch lippenförmig oder zwischen Unter- und Oberseite aufklaffend, seltener an den Rändern.
R: Mark und Sorale K−, C−, KC−, P−.
U: Die Unterscheidung gegenüber der wesentlich häufigeren *R. farinacea* ist häufig, nicht nur bei kümmerlichen Exemplaren, sehr schwierig. Bei *R. farinacea* finden sich die Sorale überwiegend an den Lappenrändern, außerdem reagieren Mark/Sorale mit P+ oft rot. Die übrigen *Ramalina*-Arten sind nicht sorediös und besitzen oft Apothecien. Über Unterschiede zu anderen Strauchflechtengattungen siehe bei *R. farinacea*.
Ö: An Laubbaumborken. L:7, F:5, R:4, N:4, To:4.
H: +, wesentlich seltener als *R. farinacea*.

Ramalina fastigiata
(Pers.) Ach.
Abbildungsmaßstab 2 : 1

M: Grau- bis gelblichgrüne, bandförmige Strauchflechte mit Apothecien, weder sorediös noch isidiös.
Lager strauchig-bandartig, bis 5 cm, reich verzweigt, bei guter Entwicklung gedrungen und fast kugelig. Ober- und Unterseite gleich gebaut und gefärbt. *Lappen* breit (1–5 mm), alle fast gleich lang, netzgrubig bis längsrippig, ± hohl (mit spinnwebigem Mark), graugrünlich, gelblichgrau, gelblichgrün, leicht fettig glänzend, ohne Pseudocyphellen *Apothecien* überwiegend an den aufgeblähten Enden der Lappen (2–5 mm). Scheibe zuerst schüsselförmig, später gewölbt.
R: Lager K−, C−, KC−, P−.
U: *R. fraxinea* hat ebenfalls oft Apothecien, die aber nicht end- sondern seiten- und flächenständig sind, außerdem sind die Lappen oft wesentlich breiter als bei *R. fastigiata* und mit rundlichen bis ovalen Pseudocyphellen versehen; das Lager ist bei normaler Entwicklung länger als breit. Von *R. farinacea/pollinaria* durch die fehlenden Sorale zu unterscheiden. Durch die gleichartig gebaute Ober- bzw. Unterseite unterscheiden sich die Ramalinen von anderen bandartigen Strauchflechten (siehe *R. farinacea*).
Ö: An lichtreichen, windexponierten Laubbäumen mit nährstoffreicher Borke. Wegen sehr geringer Toxitoleranz sehr selten geworden. L:7, F:6, R:6, N:5, To:2.
H: +.

Ramalina fraxinea
(L.) Ach. (Mitte), mit *R.* cf. *pollinaria*
Abbildungsmaßstab 1,5 : 1

M: Grau- bis gelbgrünliche, bandförmige Strauchflechte, oft mit Apothecien, weder sorediös noch isidiös.
Lager strauchig-bandartig, bis 20 cm, doch in der Regel wesentlich kürzer, v.a. in belasteten Gebieten, wenig verzweigt (zuweilen nur aus 1 bis 2 Lappen), Ober- und Unterseite gleich gebaut und gefärbt. *Lappen* sehr breit, bis 2,5 cm (bei langen Exemplaren in luftreinen Gebieten aber ziemlich schmal), ungleich lang, starr, netzgrubig bis längsrippig, graugrün, olivgrün, blaßgrau, gelblichgrau, gelblichgrün, leicht fettig glänzend. Rundliche, helle, unscheinbare Pseudocyphellen vorhanden. *Apothecien* rand- und flächenständig (nicht endständig!); auf beiden Seiten der Lappen, 2–10 mm.
R: Lager K−, C−, KC−, P−.
U: *R. fastigiata* hat ebenfalls oft Apothecien, die aber überwiegend endständig sind, außerdem sind die Lappen gewöhnlich wesentlich schmaler, ± gleich lang und kürzer als bei *R. fraxinea* und besitzen keine Pseudocyphellen. Von *R. farinacea/pollinaria* durch die fehlenden Sorale zu unterscheiden. Durch die gleichartig gebaute Ober- bzw. Unterseite unterscheiden sich die Ramalinen von anderen bandartigen Strauchflechten (siehe *R. farinacea*).
Ö: An lichtreichen, windexponierten Laubbäumen mit nährstoffreicher Borke. Wegen sehr geringer Toxitoleranz selten geworden. L:7, F:5, R:6, N:5, To:2.
H: +.

Strangospora pinicola
(Massal.) Körber
Abbildungsmaßstab 12 : 1

M: Krustenflechte mit gewölbten, randlosen, rotbraunen bis schwarzen Apothecien.
Lager nicht sichtbar bis deutlich entwikkelt, warzig bis fast kleinschollig, hell- bis dunkelgrau oder graubräunlich (manchmal aber auch ziemlich dick).
Apothecien klein (0.2–0,5 mm), in Gruppen von wenigen Exemplaren oder gedrängt, jung rotbraun, im Alter schwarz.
Scheibe sehr bald halbkugelig hochgewölbt und frühzeitig randlos. Sporen zu vielen in den Asci, sehr klein, kugelig.
R: Lager K–, C–, KC–, P–.
U: Durch die rotbraune Farbe junger Apothecien und die frühzeitige Wölbung der Scheibe charakterisiert, dadurch von rein schwarzfrüchtigen Arten (z.B. *Buellia punctata*) unterschieden. *Scoliciosporum chlorococcum* hat ein körniges grünliches Lager und andere Sporen.
Ö: Vorwiegend auf Laubbaumborken (v.a. auf Apfel und Pappel). Mit Ausbreitungstendenz. L:7, F:3, R:3, N:5, To:8.
H: +.

Usnea

spec., meist *U. filipendula* Stirton oder **U. hirta** (L.) Weber ex Wigg. (im Foto)
Abbildungsmaßstab 1,5 : 1

M: Busch- bis bartförmige grau- bis gelbgrünliche Strauchflechte mit fädigen Ästen.
Lager buschig bis bartförmig, in reduzierten Exemplaren oder jung kleine Büschel bildend, nur an einer Stelle ansitzend, blaß grünlich, grau- bis gelbgrünlich, aus stielrunden, fädigen, verzweigten Abschnitten, in der Regel 5–10 cm lang, in Gebirgslagen mit sauberer Luft auch deutlich länger, in belasteten Gebieten aber sehr kurz. Die *Fäden* besitzen oft halbkugelige bis kurz stiftförmige Auswüchse, die sorediös aufbrechen können oder Isidien tragen. Beim Dehnen der Fäden reißt zunächst nur die Rinde und das Mark, so daß der zähere weiße Zentralstrang sichtbar wird.
Apothecien bei manchen Arten sehr selten, bei anderen bei guter Entwicklung regelmäßig.

R: Unterschiedliche Tüpfelreaktionen bei den einzelnen Arten.
U: *Usnea* unterscheidet sich von anderen Strauchflechten durch ihr fädiges (nicht bandartiges) Lager von grünlicher Farbe. Die Gattung *Bryoria* besitzt zwar auch ein fädiges, aber braunes bis graues Lager; bei ihren Arten fehlt auch der für die Usneen so charakteristische weiße Zentralstrang, der beim vorsichtigen Dehnen eines Fadens sichtbar wird. Die mit Abstand beiden häufigsten Arten unter Kartierungsbedingungen sind *U. filipendula* (Mark K+ gelborange bis rot), deren Ansatzstelle an der Rinde in einem mehrere mm breiten Bereich geschwärzt ist und deren Äste oft dicht mit senkrecht abgehenden kurzen Zweigen besetzt sind, und *U. hirta* (Mark K– oder seltener K+ orange bis rot), die kaum Kurzzweige und eine nicht geschwärzte Basis besitzt.
Ö: An Nadel- und Laubbäumen mit saurer Borke. Bevorzugt niederschlagsreichere Lagen und Kaltluftgebiete. L:7, F:5–6, R:3–5, N:2–3, To:3–4. **H:** +.

Xanthoria candelaria
(L.) Th. Fr.
Abbildungsmaßstab 12 : 1

M: Gelbe, schmallappige Flechte mit fast kleinstrauchigem sorediösem Lager. *Lager* mit schmalen aufsteigenden Läppchen, fast kleinstrauchig (-polsterig), aber oft zu größeren Sammellagern zusammenwachsend. *Lappen* bis um 1 mm breit, gedrängt, gegen die Enden zu oft zipfelig zerschlitzt (die Endläppchen sind stielrundlich). *Sorale* an den Lappenenden und auf die Unterseite übergehend, gelblich, grobkörnig. *Oberseite* orangegelb bis gelblichgrün (im Schatten und nach Norden hin ± vergrünend oder mit Grauton). *Unterseite* weißlich bis schwach gelblich, mit einfachen Rhizinen.
R: Lager K+ purpurrot, C−, KC−, P−.
U: Charakterisiert durch die gelben, gedrängten, steil aufsteigenden, sorediösen Lappen, die bei guter Entwicklung an den Enden geteilt bis zerschlitzt und vor allem dort sorediös sind. Die Art kann leicht mit anderen Xanthorien verwechselt werden: Die Lappen von *X. fallax* sind deutlich laubflechtenartig, liegen ± dem Substrat an und sind an den Enden leicht nach unten gekrümmt, gekerbt, aber nicht zerschlitzt. Die Sorale sind Lippensorale und heller als das Lager (schwefel- bis grünlichgelb) und sitzen an sehr kurzen aufgebogenen Seitenlappen. *X. fulva* hat kleine, bis 2 mm lange und 0.8 mm breite Läppchen und ist fast stets rotorange bis braunrot gefärbt, während *X. candelaria* gewöhnlich gelb ist; die Läppchen steigen von der anliegenden Basis auf und werden an der Unterseite sorediös. Rhizinen fehlen zumindest im aufsteigenden Teil; *X. fulva* ist vor allem in den süddeutschen Mittelgebirgen und den Alpen verbreitet. Von *Candelaria concolor* durch die Rotfärbung mit K sicher zu unterscheiden.
Ö: V.a. an nährstoffreichen Borken freistehender Bäume mit hohem pH, oft in der Nähe landwirtschaftlicher Anwesen. L:7, F:3, R:6, N:7, To:6.
H: ++.

Xanthoria fallax

(Hepp) Arnold
Abbildungsmaßstab 4 : 1

M: Gelbe, schmallappige Blattflechte mit helleren Lippensoralen an sehr kurzen Seitenläppchen.
Lager regelmäßig rosettig bis unregelmäßig, schmallappig, bis 3 cm breit.
Lappen um 7 × 1,5 mm, ± anliegend und mit oft leicht eingekrümmten, gekerbten, aber nie zerschlitzten Enden. Sorale an sehr kurzen, ± aufsteigenden Seitenlappen, lippenförmig, schließlich (durch Aufspaltung des Lagers) auch fast becherig, bei oberflächlicher Betrachtung fast randständig wirkend, schwefel- bis grünlichgelb und heller als das Lager. *Oberseite* matt, gewölbt, orangegelb bis dottergelb (im Schatten und nach Norden hin zunehmend vergrünend oder mit Grauton). *Unterseite* weißlich, mit einfachen, hellen Rhizinen.
R: Lager K+ purpurrot, C−, KC−, P−.
U: Durch die blattflechtenartig-flächigen Lappen mit anliegenden Enden und Lippensoralen an sehr kurzen Seitenlappen (fast randständig, nicht endständig wirkend) von *X. candelaria* unterschieden, die fast kleinstrauchige Lager mit steil aufsteigenden Läppchen hat. *X. fulva* ist meist rotorange bis rotbraun und hat wesentlich kürzere, unterseits sorediöse Lappen (siehe Näheres auch bei *X. candelaria*). Bei nicht sehr guter Entwicklung sind die sorediösen *Xanthoria*-Arten der *Candelaria*-Gruppe nicht sicher anzusprechen. *X. polycarpa* und *X. parietina* haben keine Sorale. *Candelaria concolor* reagiert nicht mit K.
Ö: V.a. an nährstoffreichen Borken freistehender (Straßen-)Bäume mit hohem pH-Wert. L:7, F:3, R:7, N:5, To:5.
H: +.

Xanthoria parietina
(L.) Th.Fr.
Abbildungsmaßstab 2,1 : 1

M: Gelbe, breitlappige Blattflechte mit Apothecien (nicht sorediös).
Lager bildet Rosetten bis 10 cm Durchmesser. *Lappen* 1–5 mm breit, flach bis leicht konkav, anliegend und einander ± überlappend, gegen die Enden zu verbreitert und abgerundet. *Oberseite* glatt bis runzelig, orangegelb, dottergelb bis gelblichgrün (im Schatten und nach Norden hin zunehmend vergrünend oder mit Grauton). *Unterseite* weißlich, mit wenigen, einfachen, hellen Rhizinen.
Apothecien (bis 4 mm) fast immer vorhanden, gehäuft in der Lagermitte, sitzend bis schwach gestielt, mit deutlichem Lagerrand, *Scheibe* dunkler (orange).
R: Lager K+ purpurrot, C−, KC−, P−.
U: Durch die großen, gelben, anliegenden und soredienlosen Lappen und die meist vorhandenen Apothecien gut definiert. *X. polycarpa* hat ein wesentlich kleineres (meist bis 3 cm großes) Lager; im Gegensatz zu jungen Exemplaren von *X. parietina* sind die Lager in der Regel fast bis zum Rand dicht mit Apothecien bedeckt, und ihre Lappen sind viel schmaler. Die übrigen Xanthorien besitzen Sorale. Bei beschatteten Exemplaren ist die charakteristische Gelbfarbe oft nur andeutungsweise zu erkennen (dann auch kaum positive K− Reaktion, solche Exemplare haben manchmal keine Apothecien und ähneln dann oberflächlich den graugrünen Parmelien. Durch die weißliche Unterseite und den schwachen Rhizinenbesatz von diesen zu unterscheiden).
Ö: V.a. an nährstoffreichen Borken gut belichteter Alleebäume mit hohem pH-Wert, oft in der Nähe landwirtschaftlicher Anwesen mit Tierhaltung. L:7, F:3, R:7, N:6, To:7.
H: ++.

Xanthoria polycarpa

(Hoffm.) Th. Fr. ex Rieber
Abbildungsmaßstab 6 : 1

M: Gelbe, sehr schmallappige, dicht mit orangefarbenen Apothecien bedeckte Blattflechte (nicht sorediös).
Lager gewöhnlich bis 3 cm, kleine gewölbte Polster bildend, dicht mit Apothecien besetzt, so daß von den Lagerlappen kaum etwas zu sehen ist. *Lappen* klein, bis 0,5 mm breit, mit unregelmäßigen Rändern, an denen sich winzige, knotige, rundliche Ausbuchtungen befinden. *Oberseite* glatt, gelb bis graugelb (im Schatten und nach Norden hin zunehmend vergrünend oder mit Grauton). *Unterseite* weißlich, mit wenigen, einfachen, hellen Rhizinen.
Apothecien (bis 2 mm) immer vorhanden, dichtstehend, oft das gesamte Lager verdeckend, sitzend bis schwach gestielt, mit deutlichem Lagerrand. *Scheibe* dunkler orange (die Farbe bleibt auch bei vergrauendem Lager erhalten).
R: Lager K+ purpurrot, C−, KC−, P−.
U: Durch das kleine, polsterförmige, ganz mit Apothecien bedeckte Lager unverwechselbar (siehe auch *X. parietina*).
Ö: V.a. an nährstoffreichen Borken freistehender Bäume und Sträucher mit hohem pH-Wert (Apfel, Pappel, Weide), besonders an Ästen, oft in der Nähe landwirtschaftlicher Anwesen mit Tierhaltung. L:7, F:3, R:6, N:6, To:7.
H: ++.

Farb-(Tüpfeltest-)Reaktionen der VDI-Flechten (Krustenflechten)

Flechtenart	**K**	**C**	**KC**	**P**
Buellia punctata	–	–	–	–
Candelariella reflexa	–	–	–	–
Candelariella xanthostigma	–	–	–	–
Hypocenomyce scalaris	–	Sorale rot	Sorale rot	–
Lecanora argentata	Lager gelb	–	–	–
Lecanora carpinea	Lager gelb	Ap-Sch. gelb	–	–
Lecanora chlarotera	Lager gelb	–	–	–
Lecanora conizaeoides	Lager ± gelb	–	–	Lager or.-rot
Lecanora expallens	Lager gelb	Lager gelb-or.	Lager orange	–
Lecanora hagenii	–	–	–	–
Lecanora pulicaris	Lager ± gelb	–	–	Ap-Ra or.-rot
Lecanora saligna	Lager ± gelb	–	–	–
Lecidella elaeochroma	Lager ± gelb	Lager ± orange	Lager ± gelb	–
Lepraria incana	–	–	–	–
Ochrolechia turneri	–	–	–	–
Pertusaria albescens	–	–	–	–
Pertusaria amara	–	–	Sorale violett	–
Pertusaria coccodes	Lager rot	–	–	–
Pertusaria flavida	–	Lager orange	La CK! orange	–
Pertusaria pertusa	Lager gelb	–	Lager gelb	Lager ± or.
Phlyctis argena	La/Sorale rot	–	La/Sorale rot	La/So or.-rot

Farb-Reaktionen der VDI-Flechten (Strauch- und Blattflechten)

Flechtenart	K	C	KC	P
Anaptychia ciliaris	–	–	–	–
Bryoria fuscescens	–	–	–	(La)/Sor orange
Candelaria concolor	–	–	–	–
Cetraria chlorophylla	–	–	–	–
Evernia prunastri	–	–	–	–
Hypogymnia farinacea	–	–	Mark orange	–
Hypogymnia physodes	–	–	Mark orange	Mark orange
Hypogymnia tubulosa	–	–	Mark orange	–
Parmelia acetabulum	Mark rot	–	–	Mark orange
Parmelia caperata	–	–	Rinde gelb	Mark orange
Parmelia exasperatula	–	–	–	–
Parmelia flaventior	Rinde gelb	Mark rot	Mark rot	Mark ± orange
Parmelia glabra	–	Mark rot	–	–
Parmelia glabratula	Mark ± violett	Mark rot	Mark rot	–
Parmelia pastillifera	–	Mark rot	Mark rot	–
Parmelia saxatilis	Mark or./rot	–	Mark or./rot	Mark orange
Parmelia subargentifera	–	Mark rot	Mark rot	–
Parmelia subrudecta	–	Mark rot	Mark rot	–
Parmelia sulcata	Mark/Sor or./rot	–	Mark/Sor or./rot	Mark orange
Parmelia tiliacea	–	Mark rot	Mark rot	–

Farb-Reaktionen der VDI-Flechten (Strauch- und Blattflechten) (Forts.)

Flechtenart	**K**	**C**	**KC**	**P**
Parmeliopsis ambigua	Rinde ± gelb	–	Rinde gelb	–
Phaeophyscia orbicularis	La ± rötlich	–	–	–
Physcia adscendens	Rinde gelb	–	–	–
Physcia aipolia	Mark gelb	–	–	–
Physcia stellaris	Mark –	–	–	–
Physcia tenella	Rinde gelb	–	–	–
Physconia distorta	–	–	–	–
Physconia enteroxantha	Mark/Sor gelb	–	–	–
Physconia grisea	–	–	–	–
Physconia perisidiosa	–	–	–	–
Platismatia glauca	Rinde gelb	–	–	–
Pseudevernia furfuracea	Rinde gelb	Mark –/+ rot	Rinde ± rot	–
Ramalia farinacea	–	–	Mark ± gelb	Sor oft orange
Ramalina fastigiata	–	–	–	–
Ramalina fraxinea	–	–	–	–
Ramalina pollinaria	–	–	–	–
Usnea hirta/filipendula	Mark rot od. –	–	–	Mark or. od. –
Xanthoria candelaria	Rinde rot	–	–	–
Xanthoria parietina	Rinde rot	–	–	–
Xanthoria polycarpa	Rinde rot	–	–	–

Register

Liste der häufigsten Flechtenarten an freistehenden Laubbäumen; die VDI-Arten sind **halbfett** gedruckt; Synonyme *kursiv*. Fette Seitenverweise: Bildteil. Nomenklatur nach WIRTH 1994).